BDZ 210
€ 2,-

Borchert
Verbraucherschutzrecht

Verbraucherschutzrecht

von

Univ.-Prof. Dr. jur. Günter Borchert, Wuppertal

C.H.BECK'SCHE VERLAGSBUCHHANDLUNG
MÜNCHEN 1994

Die Deutsche Bibliothek – CIP-Einheitsaufnahme

Borchert, Günter:
Verbraucherschutzrecht / von Günter Borchert. –
München : Beck, 1994
(Juristische Kurzlehrbücher für Studium und Praxis)
ISBN 3 406 38270 3

ISBN 3 406 38270 3

Druck der C. H. Beck'schen Buchdruckerei, Nördlingen
Gedruckt auf säurefreiem,
aus chlorfrei gebleichtem Zellstoff hergestelltem Papier

Vorwort

Für die Praxis der Verbraucherberatung durch Rechtsanwälte und Verbände fehlt – jedenfalls nachdem das vom Deutschen Gewerkschaftsbund und der Arbeitsgemeinschaft der Verbraucherverbände herausgegebene Handbuch des Verbraucherrechts nicht mehr aktualisiert wird – ein juristisches Einführungs- und Nachschlagewerk, welches es auch dem nicht spezialisierten Juristen (und juristisch geschulten Laien) ermöglicht, sich in den verzweigten Bereichen verbraucherschützender Rechtsnormen zu orientieren.

Diese Lücke wird durch das vorliegende Kurzlehrbuch geschlossen.

Mit der hier vorgelegten neuartigen Zusammenfassung des geltenden Verbraucherschutzrechts hoffe ich im übrigen, den Stellenwert dieses Gebiets in der Rechtswissenschaft zu erhöhen, indem der Blick auf übergreifende Aspekte eröffnet wird, die bei einer isolierten Betrachtung einzelner privat- oder öffentlichrechtlicher Normenbereiche nicht ohne weiteres erkennbar werden. Es zeigt sich nämlich, daß es bei unterschiedlichen rechtlichen Mitteln gleichartige Ziele gibt, denen die Vorschriften des Verbraucherschutzrechts dienen, und der Blick auf diese Ziele erleichtert es, übergreifende und einander ergänzende Konzepte der Verbraucherschutzpolitik zu erkennen. Es handelt sich um die Ziele:

a) **Stärkung der Autonomie** von Verbrauchern durch Herstellung von Transparenz der Leistungsangebote und der vertraglichen Absprachen sowie durch Einräumung von Überlegungs-Fristen nach unter Umständen unüberlegten rechtlichen Bindungen, wobei die Durchsetzung verbraucherschützender Normen nicht nur der Initiative und dem Geschick des einzelnen Verbrauchers überlassen bleibt, sondern Verbraucherverbände und Behörden wirken hierbei mit;

b) **Schutz vor Irreführung und Übervorteilung** bei Ausnutzung von Marktmacht der Anbieter, indem gesetzliche Mindest-Standards der Fairneß und Angemessenheit in Verträgen bis hin zu Sozialklauseln bei existentiell wichtigen Waren oder Leistungen festgelegt werden, wobei auch hier Verbraucherverbände und Behörden die Befugnis oder Zuständigkeit haben, den Verbraucherschutz zu fördern;

c) vorbeugender **Gesundheitsschutz** mit zivilrechtlichen, verwaltungsrechtlichen und strafrechtlichen Instrumenten.

Was die – leider kaum von der Rechtstatsachenforschung untersuchten – Wirkungen des Verbraucherschutzrechts im Hinblick auf die genannten Ziele betrifft, so erscheint es wichtig, nicht nur die unmittelbare Nutzung der ihnen eingeräumten oder ermöglichten Rechts- und Informations-Ansprüche durch die Verbraucher selbst zu berücksichtigen; sondern es gibt daneben mittelbare Auswirkungen auf die Marketing-Strategien der Anbieter: auch wenn beispielsweise nur ein kleiner Teil der Verbraucher die vorgeschriebenen Zutaten-Angaben bei verpackten Lebensmitteln wirklich zur Kenntnis nimmt, so könnten die einschlägigen Vorschriften es doch einem Anbieter erleichtern, solche Produkte auf dem Markt zu positionieren, welche sich durch die Nicht-Verwendung von bestimmten deklarierungspflichtigen Zusatzstoffen von konkurrierenden Produkten unterscheiden, und auch hierin könnte eine erwünschte Folge des Verbraucherschutzrechts zu sehen sein.

Es mag Leser geben, welche wissen möchten, wie ein Autor dazu kommt, ein Buch über Verbraucherschutzrecht zu schreiben. Seit einigen Jahren lehre ich Verbraucherschutzrecht im integrierten Studiengang der Ökonomie an der Bergischen Universität – Gesamthochschule – Wuppertal.

Viele Studierende haben mir durch ihre Diplom- und Hausarbeiten die Vorbereitungen dieses Buches sehr erleichtert. Eine große Hilfe waren mir auch Frau Rechtsreferendarin *Kim Brüntrup*, Herr *Peter Janßen*, Herr Diplom-Ökonom *Ulrich Lohrmann* und Herr *Henning Borchert*.

Die Abgrenzung des Verbraucherschutzrechtes als Teildisziplin der Rechtswissenschaft ist nicht unproblematisch. In der **Einleitung** des Buches wird hierauf näher eingegangen.

Die 15 Kapitel des Buches werden eingeleitet durch **Fälle**, welche ein wenig die Relevanz der jeweiligen Rechtsfragen veranschaulichen sollen; am Ende des Buches erfolgen Hinweise zur rechtlichen Beurteilung der in den Fällen auftretenden Sachverhalte.

Ein Verzeichnis der in dem Buch verwendeten Abkürzungen hielt ich für entbehrlich: Zum einen handelt es sich um die in der rechtswissenschaftlichen Literatur gängigen Abkürzungen, und zum anderen werden verwendete Abkürzungen im jeweiligen Zusammenhang deutlich.

Bei den Literaturhinweisen war es – der Zielsetzung des Buches entsprechend – nicht sinnvoll, jeden Hinweis detailliert nachzuweisen oder Vollständigkeit anzustreben (eine vollständige Bibliographie des Verbraucherschutzrechts würde allein schon den mehrfachen Umfang dieses Buches erfordern); vielmehr wird auf grundlegende und weiterführende Literatur in einer Auswahl hingewiesen, bei der Zufälligkeiten und subjektive Elemente nicht auszuschließen waren.

Die Förderung von Verbraucherinteressen ist für mich nicht nur Gegenstand rechtswissenschaftlicher Betrachtungen, sondern sie war auch in haupt- und nebenberuflicher sowie ehrenamtlicher Tätigkeit mein Anliegen. Wenn dieses Buch Verbraucherinnen und Verbrauchern nützt, ist dies durchaus erwünscht. Aber selbstverständlich ist der Inhalt des Buches nicht durch einseitige interessengerichtete Interpretationen der Rechtslage, sondern durch das Bemühen um wissenschaftliche Objektivität geprägt; dementsprechend habe ich auch davon abgesehen, meine eigenen rechtspolitischen Vorstellungen offen oder verdeckt einfließen zu lassen.

Wuppertal, im April 1994 Günter Borchert

Inhaltsverzeichnis

Einleitung

1. Was ist „Verbraucherschutzrecht"?

Die Stoffabgrenzung für ein Kurzlehrbuch „Verbraucherschutzrecht" ist keine Selbstverständlichkeit.

Zwar ist eine Fülle von rechtswissenschaftlichen Untersuchungen deren Titel zufolge dem Verbraucherschutzrecht oder dem Verbraucherrecht zuzuordnen. Spätestens seit Mitte der siebziger Jahre ist festzustellen, daß es sich dabei um ein neues Rechtsgebiet handeln könnte (*Reich u.a.* 1976, S. 7).

Einen einheitlichen, klar definierten Verbraucherbegriff gibt es aber im Recht nicht. Den Begriffskern bildet jedenfalls der „Endverbraucher" oder „Letztverbraucher" als „privater" Konsument von Waren oder Dienstleistungen.

Es gibt verschiedene rechtspolitische Gesichtspunkte, welche dafür sprechen, Vorschriften zum Schutz von Verbrauchern zu erlassen. Ohne Vollständigkeit anzustreben, nenne ich die folgenden Gesichtspunkte:

- Die Volksgesundheit ist ein wichtiges Gemeinschaftsgut, welches der Staat zu wahren und zu schützen hat. Dies legt es nahe, Verbraucher auch mit rechtlichen Mitteln davor zu schützen, daß sie durch den Konsum von Waren oder Dienstleistungen gesundheitliche Schäden erleiden.
- Die marktwirtschaftliche Wirtschaftsordnung erfordert, wenn sie nach den ihr zugrundeliegenden ordnungspolitischen Vorstellungen funktionieren soll, möglichst viele Verbraucher, welche sich dem Leitbild des „mündigen Verbrauchers" zuordnen lassen. Dies legt es nahe, mit rechtlichen Mitteln einer Irreführung von Verbrauchern entgegenzuwirken und zur Markttransparenz, etwa durch Vorschriften über ein Minimum an sachlichen Produkt-Informationen, beizutragen.
- Schließlich gibt es sozialpolitische Gründe für eine Verbraucherschutzgesetzgebung: Wo Verbraucher geschädigt oder ausgebeutet werden, entstehen leicht soziale Notlagen, was ein sozialer Rechtsstaat nicht unbegrenzt hinnehmen kann.

Freilich ist Verbraucherpolitik Bestandteil der Politik, was sich bei verbraucherpolitischen Gesetzgebungsvorhaben in der Weise auswirken kann, daß öffentlich das Schutzbedürfnis der Verbraucher thematisiert wird, insgeheim aber zusätzlich oder ausschließlich ganz andere Interessen als die der Verbraucher gefördert werden sollen. Insbesondere kann bei manchen verbraucherpolitisch begründeten Gesetzgebungsvorhaben vermutet werden, daß bestimmte Anbietergruppen, welche neben den Verbrauchern Vorteile aus den Rechtsvorschriften ziehen, den wortführenden Akteuren in der Legislative oder der gesetzesvorbereitenden Exekutive nicht gerade fern stehen. So ist beispielsweise das heutige Arzneimittelrecht, wie immer wieder betont wird, geschaffen worden, weil im Interesse der Arzneimittelkonsumenten Lehren aus der Contergan-Katastrophe gezogen werden sollten; den starken Kräften in der Arzneimittelwirtschaft, insbesondere den forschenden Großunternehmen der chemischen Industrie, welche auf den wichtigen Exportmärkten Einbußen zu befürchten hatten, wenn nicht im deutschen Recht ähnliche Sicherheitsstandards für die Arzneimittelherstellung vorgegeben wurden wie in den Exportländern, kam das Arzneimittelgesetz von 1976 aber sehr recht (*Westphal* 1982, S. 204).

Es sind unterschiedliche rechtliche Instrumente, welche im Interesse der Konsumenten nutzbar gemacht werden:

- Im Privatrecht wird die Vertragsautonomie eingeschränkt, beispielsweise durch halbzwingende Vorgaben der Vertragsinhalte in gewissen Vertrags-Typen, durch Transparenz-Vorschriften, durch spezifische Rücktritts- oder Widerrufsrechte oder durch Inhaltskontrolle allgemeiner Geschäftsbedingungen. Ferner werden Schadenersatzansprüche geschädigter Verbraucher gesetzlich festgelegt.
- Im Verwaltungsrecht wird in die Gewerbefreiheit von Anbietern in vielfältiger Weise eingegriffen: In bestimmten Bereichen wird der Marktzutritt an eine behördliche Erlaubnis geknüpft, oder Behörden erhalten die Befugnis, die unternehmerischen Aktivitäten laufend im Hinblick auf Verbraucherinteressen zu überwachen, bestimmte Tätigkeiten zu untersagen oder andere Tätigkeiten zu gebieten. Um hier nur einige Beispiele zu nennen: Wer Kreditgeschäfte anbietet, bedarf der Erlaubnis; wer Spielzeug herstellt, ist hinsichtlich der Gerätesicherheit behördlichen Kontrollen ausgesetzt, und wer Waren in Schaufenstern anbietet, hat diese mit Preisen zu kennzeichnen.
- Im Ordnungswidrigkeitenrecht wird verbraucherunfreundliches Verhalten mit Bußgeld sanktioniert. Die zuvor genannten verbraucherschützenden Verwaltungsgesetze enthalten typischerweise Bußgeld-Vorschriften bei Rechtsverstößen.
- Im Strafrecht ermöglichen die Vorschriften, welche den Betrug, die Körperverletzung oder die Tötung unter Strafe stellen, auch die Strafverfolgung, wenn bei Vertragsschluß übervorteilte Verbraucher oder Produkt-Geschädigte (um nur zwei Fallgestaltungen zu nennen) die Opfer sind. Die zuvor genannten verbraucherschützenden Verwaltungsgesetze regeln teilweise Normverstöße auch als besondere Straftatbestände und gehören somit zum sogenannten Nebenstrafrecht.

So vielfältig wie die materiellrechtlichen Instrumentarien des Verbraucherschutzes sind die Rechtswege zur Durchsetzung der rechtlich geschützten Verbraucherinteressen einerseits, zur Rechtsverteidigung der Anbieter andererseits. Auf die jeweiligen allgemeinen Verfahrensvorschriften des Zivilprozeßrechts, des Verwaltungsverfahrens- und -prozeßrechts, des Ordnungswidrigkeiten- und des Strafprozeßrechts näher einzugehen, liegt nicht im Sinn dieses Kurzlehrbuchs. Einige Besonderheiten werden im jeweiligen Kontext erörtert. An dieser Stelle sei erwähnt, daß Art. 29 EGBGB, welcher die amtliche Überschrift „Verbraucherverträge" trägt, regelt, daß unter bestimmten Voraussetzungen Verbrauchern nicht die Schutzvorschriften ihres Aufenthaltsstaates dadurch entzogen werden können, daß die Rechtsvorschriften eines anderen Staates vereinbart werden (vgl. auch *Bülow* 1993, S. 435f).

Das Verbraucherschutzrecht zeichnet sich nach den vorausgegangenen Ausführungen dadurch aus, daß es sich nicht in die klassischen rechtswissenschaftlichen Teildisziplinen einordnen läßt, sondern zu übergreifenden Überlegungen anregt, sich hierbei stützend auf die rechtsdogmatischen Erkenntnisse des Zivil-, Verwaltungs- und Strafrechts.

Welche Rechtskomplexe dem Verbraucherschutzrecht zuzuordnen sind, ergibt sich nicht mit völliger Klarheit aus dem jeweiligen Schutzzweck der Vorschriften. Für Gesetze wie das Verbraucherkreditgesetz oder das Lebensmittel- und Bedarfsgegenständegesetz ist die Zuordnung zum Verbraucherschutzrecht eindeutig, bei anderen Vorschriften können diesbezüglich Zweifel auftauchen. Es gibt auch, wie im Falle des Gesetzes gegen den unlauteren Wettbewerb, Vorschriften, welchen der Schutz der Verbraucherinteressen neben dem Schutz sonstiger Interessen, hier der Interessen von Mit-Wettbewerbern und des Allgemeininteresses, zugeschrieben wird.

Da es eine stets eindeutige begriffliche Abgrenzung von den jeweiligen Schutzgedanken her nicht gibt – anders als im Arbeitsrecht mit seinen zivilrechtlichen und verwaltungsrechtlichen Teilen, wo die Begriffe des Arbeitnehmers und des Arbeitsverhältnisses Klarheit schaffen (es gibt in der bisherigen Rechtsdogmatik eben kein „Verbraucherverhältnis") – und da – anders als im Sozialrecht, wo im Allgemeinen Teil des Sozialgesetzbuchs die definitorische Abgrenzung des Sozialgesetzbuchs unter Nennung der als dessen besondere Teile geltenden Gesetze erfolgt (es gibt aber kein „Verbrauchergesetzbuch") – der Gesetzgeber zur Abgrenzung auch keine hinreichenden Anhaltspunkte gibt, sehe ich keine Möglichkeit, „das Verbraucherschutzrecht" eindeutig ein- und abzugrenzen. Vielmehr habe ich mich bemüht, keine der zentralen verbraucherschützenden Vorschriften unerörtert zu lassen, und dazu eine Reihe von Vorschriften zu erörtern, bei denen eine Zuordnung zum Verbraucherschutzrecht zumindest nicht fern liegt. Zu den hierbei nicht ganz klaren Bereichen gehören etwa das Datenschutzrecht, auf welches in diesem Buch (Kapitel 13) hingewiesen wird, das Recht der EG-Agrarmarktorganisationen oder die Vorschriften zur Bewältigung des Verpackungsmülls, welche ich nach einiger Überlegung in diesem Lehrbuch des Verbraucherschutzrechts nicht weiter erörtere.

2. Rechtspolitische Hintergründe

Unter den politischen Parteien in der Bundesrepublik ist es in erster Linie die **SPD**, welche verbraucherpolitische Maßnahmen vorangetrieben hat. Auch Gesetzgebungsinitiativen der **CDU**-geführten **Bundesregierung** oder – über den Bundesrat – von **Landesregierungen** von Bundesländern mit **Unions**-Mehrheiten waren von Bedeutung.

Wichtig für die Entwicklung des Verbraucherschutzrechts in fast allen Bereichen sind die Auswirkungen des Rechts der **Europäischen Gemeinschaft.** Der EWG-Vertrag enthielt den Verbraucherschutz nicht als Ziel der Maßnahmen der **EG.** Dies hat sich durch die Verträge der **EG**-Gipfelkonferenz in **Maastricht** im Herbst 1991 geändert: In Art. 3 und 129a EWG-V ist nunmehr eine Stärkung des Verbraucherschutzes verankert.

Aber auch auf der Grundlage des bislang geltenden EWG-Vertrags traten viele **EG**-Vorschriften mit verbraucherpolitischer Bedeutung in Kraft oder sind in Vorbereitung. Zu fast allen in diesem Buch erörterten Rechtsbereichen gibt es **EG**-Richtlinien. Nach den Regelungen des EWG-Vertrags sind die Mitgliedstaaten verpflichtet, die Regelungen von **EG**-Richtlinien, welche im Gegensatz zu **EG**-Verordnungen nicht unmittelbar Rechtswirkungen für alle Bewohner und Unternehmen in der **EG** entfalten, in die einzelstaatlichen Rechtsordnungen umzusetzen.

3. Perspektiven des Verbraucherschutzes und des Verbraucherschutzrechts

Die Interessenlagen der politisch durchsetzungsfähigen Interessengruppen bringen es mit sich, daß Fortschritte in der Verbraucherpolitik nicht leicht zu erreichen sind. Es lassen sich vielmehr immer wieder in einzelnen Bereichen Rückschritte beobachten. Dies könnte auch darauf zurückzuführen sein, daß die Rechtstatsachenforschung zu vielen wichtigen Fragen, etwa zum Informationsbedarf der Verbraucher zu den verschiedenen Waren und Dienstleistungen, über keine hinreichenden Erkenntnisse verfügt; das Erkenntnisinteresse von Konsum- und Konsumentenforschung ist in der Regel an den Absatzchancen der Anbieter orientiert.

Das Verbraucherschutzrecht ist, bezogen auf traditionelle rechtswissenschaftliche Disziplinen, eine Querschnitts-Materie ohne rechtsdogmatische Geschlossenheit. Ob es zweckmäßig wäre, daß der Gesetzgeber dadurch für mehr Übersichtlichkeit zu sorgen versucht, daß er – entsprechend den rechtspolitischen Projekten des Sozialgesetzbuchs (teilweise verwirklicht) oder des Arbeitsgesetzbuchs (war in früheren Legislaturperioden geplant) – ein Verbrauchergesetzbuch schafft, ist zweifelhaft. Ob es der – sich bisher vor allem um die Durchdringung der privatrechtlichen Verbraucherschutzregelungen bemühenden – Wissenschaft gelingen wird, dieser rechtswissenschaftlichen Disziplin deutlichere Konturen zu geben, bleibt abzuwarten.

Aber auch, wenn dies nicht geschieht, wird es für Wissenschaft und Praxis reizvoll bleiben, sich weiter um die Klärung verbraucherschutzrechtlicher Fragen zu bemühen, nicht zuletzt wegen der erheblichen praktischen Konsequenzen für fast die gesamte Bevölkerung der Bundesrepublik Deutschland.

§ 1. Ungültigkeit von nachteiligen Verträgen

Fall: An der Haustür der in einfachsten Verhältnissen lebenden V erscheint Vertreter B. Er überredet V in ihrer Wohnung, ein mehrbändiges teures Fachlexikon zu bestellen. Es ist offensichtlich, daß das Werk für V ohne jeden Nutzen ist.

Literatur: *Borchert* 1990a; *Bultmann* 1990; *Palandt* 1993

Gegenstand dieses Paragraphen

In der Rechtsordnung ist die **Vertragsfreiheit** ein wesentliches Element: Man ist frei, Verträge zu schließen oder nicht zu schließen, und man ist frei, den Inhalt von Verträgen so festzulegen, wie man möchte; und wenn dann noch der Vertragspartner damit einverstanden ist, wird in der Regel der Vertrag wirksam: **pacta sunt servanda,** an die vertraglichen Verpflichtungen ist man gebunden.

Bei Macht- und Informations-Ungleichgewicht der Vertragspartner – etwa wenn es um ein nach den gegebenen Marktbedingungen besonders knappes Gut wie eine Mietwohnung oder um ein schwer zu beurteilendes Gut wie eine Kapital-Lebensversicherung geht – kommt es unter Umständen zu Vertragsschlüssen, welche nicht den Interessen beider Vertragsparteien in gleicher Weise entsprechen. Die Rechtsordnung sieht in Durchbrechung des Prinzips der Vertragsfreiheit (zu welchem das Prinzip der rechtlichen Bindung abgeschlossener Verträge untrennbar gehört) unterschiedliche Möglichkeiten vor, welche dazu führen können, daß eine rechtliche Verpflichtung durch einen Vertrag nicht eintritt oder daß man sich wieder – auch ohne daß der Vertragspartner damit einverstanden ist – von einer vertraglichen Zusage lösen kann.

Im vorliegenden Buch auf das allgemeine Vertragsrecht im einzelnen einzugehen, erscheint nicht sinnvoll. Vielmehr sollen nur jene rechtlichen Instrumente hervorgehoben werden, welche von besonderer Bedeutung sind, wenn es um die Ungültigkeit von für den Verbraucher nachteiligen Verträgen geht. Grund für die Ungültigkeit können sein:

- Nichtigkeit (Abschnitt 1.),
- Anfechtbarkeit und Anfechtung (Abschnitt 2.),
- Widerruf oder Rücktritt (Abschnitt 3.),
- bei Allgemeinen Geschäftsbedingungen, wenn Klauseln der Inhaltskontrolle nach dem AGBG (Gesetz zur Regelung des Rechts der Allgemeinen Geschäftsbedingungen) nicht standhalten (Abschnitt 4.).

Rechtsquellen

Die für die Ungültigkeit nachteiliger Verträge maßgeblichen Bestimmungen finden sich im Bürgerlichen Gesetzbuch (BGB), in spezialgesetzlichen Regelungen bestimmter Vertragstypen (im Fernunterrichtsschutzgesetz, im Verbraucherkreditgesetz, im Versicherungsvertragsgesetz) oder in Regelungen, welche sich auf die Umstände bei Vertragsschluß beziehen (Gesetz über den Widerruf von Haustürgeschäften und ähnlichen Geschäften); auch Verbotsregelungen wie solche des Strafgesetzbuchs sind zu nennen. Wenn nachteilige Klauseln in Allgemeinen Geschäftsbedingungen enthalten sind, sind sie unter Umständen nach dem AGBG (Gesetz zur Regelung des Rechts der Allgemeinen Geschäftsbedingungen) unwirksam.

Das Gesetz zur Regelung des Rechts der Allgemeinen Geschäftsbedingungen hat den wesentlichen Inhalt, daß Vertragsklauseln in Allgemeinen Geschäftsbedingungen auch dann unwirksam sein können, wenn sie wirksam in ein Vertragsverhältnis einbezogen wurden, und daß auch auf dem Wege der Verbandsklage die Unwirksamkeit von AGB-Klauseln geltend gemacht werden kann.

1. Nichtigkeit von Verträgen

Nach § 138 BGB ist ein Rechtsgeschäft nichtig, wenn es gegen die guten Sitten verstößt, insbesondere, wenn durch das Rechtsgeschäft jemand unter Ausbeutung der Zwangslage, der Unerfahrenheit, des Mangels an Urteilsvermögen oder der erheblichen Willensschwäche für eine Leistung Vermögensdispositionen vornimmt, die in einem auffälligen Mißverhältnis zu der Leistung stehen.

Nach § 134 BGB ist ein Rechtsgeschäft nichtig, das gegen ein gesetzliches Verbot verstößt.

Daher sind beispielsweise solche Verträge nicht rechtlich bindend, zu welchen ein Verbraucher in einer Weise verleitet wurde, die einen Straftatbestand darstellt (s. Abschnitt 5.).

Nichtig sind auch Verträge, welche gegen zwingende gesetzliche Regelungen verstoßen. Eine Reihe von verbraucherschützenden Vorschriften verbieten Abweichungen in Verträgen, welche den Verbraucher im Vergleich mit gesetzlichen Regelungen benachteiligen (§§ 10 FernUSG, 554b, 556a Abs. 7, 565a Abs. 3, 651k BGB, 18 VerbrKrG, 15a, 42 VVG).

Nichtig sind nach § 125 BGB auch Rechtsgeschäfte, welche der vorgeschriebenen Form ermangeln.

„Nichtigkeit“ bedeutet, daß keinerlei rechtliche Wirkungen durch das jeweilige Rechtsgeschäft begründet werden.

Sofern auf der Grundlage eines nichtigen Vertrags Leistungen erfolgt sind, so sind sie ohne Rechtsgrund erfolgt, und daher hat der Empfänger die Leistung nach § 812 BGB zurückzugeben.

2. Anfechtung

Nach § 142 BGB sind Rechtsgeschäfte als von Anfang an nichtig angesehen, wenn sie anfechtbar sind und (gemäß § 143 BGB) angefochten werden.

Es gibt zwei Anfechtungsgründe: „Wer zur Abgabe einer Willenserklärung durch arglistige Täuschung oder durch Drohung bestimmt worden ist, kann die Erklärung anfechten", § 123 BGB (zur Anfechtungsfrist gilt § 124 BGB).

„Wer bei der Abgabe einer Willenserklärung über deren Inhalt im Irrtume war oder eine Erklärung dieses Inhalts überhaupt nicht abgeben wollte, kann die Erklärung anfechten, wenn anzunehmen ist, daß er sie bei Kenntnis der Sachlage und bei verständiger Würdigung des Falles nicht abgegeben haben würde", § 119 Abs. 1 BGB (zur Anfechtungsfrist und zur Schadensersatzpflicht des Anfechtenden gelten §§ 121f BGB).

3. Haustürgeschäfte und andere widerrufliche Geschäfte

„Ein auf den Abschluß eines Vertrags über eine entgeltliche Leistung, zu der der Erklärende (Kunde)

1. durch mündliche Verhandlungen an seinem Arbeitsplatz oder im Bereich einer Privatwohnung,
2. anläßlich einer von der anderen Vertragspartei oder von einem Dritten zumindest auch in ihrem Interesse durchgeführten Freizeitveranstaltung oder
3. im Anschluß an ein überraschendes Ansprechen in Verkehrsmitteln oder im Bereich öffentlich zugänglicher Verkehrswege

bestimmt worden ist, wird erst wirksam, wenn der Kunde sie nicht binnen einer Frist von einer Woche schriftlich widerruft" (§ 1 Abs. 1 HaustürWG).

Eine entsprechende Regelung gilt für Verbraucherkreditverträge und Abzahlungsgeschäfte (s. § 7), für Fernunterrichtsverträge (s. § 5 Abschnitt 3.) und für Versicherungsverträge mit langer Laufzeit (s. § 8 Abschnitt 1.).

Der Kunde ist nach § 2 HaustürWG über sein Widerrufsrecht zu belehren. Anbieter, welche dies nicht tun, verstoßen im übrigen auch gegen § 1 UWG (s. § 3).

Nach BGH NJW 1993, 1013, ist der Kunde mit der Widerrufsbelehrung auch darauf hinzuweisen, daß die Widerrufsfrist mit der Aushändigung der schriftlichen Widerrufsbelehrung beginnt.

Ein Rücktrittsrecht bei unwahren und irreführenden Werbeangaben, aber nur, wenn der Werbende in der Absicht, den Anschein eines besonderen Angebots hervorzurufen, öffentlich geworben hat, ergibt sich aus §§ 13a, 4 UWG.

4. Allgemeine Geschäftsbedingungen

Anbieter verwenden häufig vorformulierte Vertragsbedingungen (das sogenannte Kleingedruckte in Vertragsformularen). Diese enthalten in der Regel Abweichungen vom – dispositiven – Gesetzesrecht in der Weise, daß die Kunden schlechter gestellt werden. Das Recht der Allgemeinen Geschäftsbedingungen bezieht sich darauf, wann derartige Vertragsbedingungen wirksam in Verträge einbezogen sind, wann Klauseln in derartigen Vertragsbedingungen unwirksam sind und wie Dritte auf dem Wege der Verbandsklage die Unwirksamkeit geltend machen können.

Allgemeine Geschäftsbedingungen kommen selbstverständlich nicht nur im Rechtsverkehr mit Verbrauchern vor (s. aber § 24 AGBG). Die vorliegende Darstellung beschränkt sich aber auf Verträge, bei welchen die „andere Vertragspartei" ein Verbraucher ist. Im übrigen schreibt die EG-Richtlinie 93/13/EWG, EG-ABl. Nr. L 95/29 vom 21. 4. 1993, vor, daß die Mitgliedstaaten für alle nach dem 31. Dezember 1994 abgeschlossenen **Verbraucher**verträge die Unwirksamkeit mißbräuchlicher Klauseln in Verträgen, welche nicht einzeln ausgehandelt wurden, in Rechts- oder Verwaltungsvorschriften regeln.

a) Begriff „Allgemeine Geschäftsbedingungen"

AGB sind nach § 1 Abs. 1 Satz 1 AGBG „alle für eine Vielzahl von Verträgen vorformulierten Vertragsbedingungen, die eine Vertragspartei (Verwender) der anderen Vertragspartei bei Abschluß eines Vertrages stellt." Keine AGB sind nach § 1 Abs. 2 AGBG Vertragsbedingungen, welche zwischen den Vertragsparteien im einzelnen ausgehandelt sind.

b) Einbeziehung in den Vertrag

Typisch ist für die Einbeziehung von AGB in einen Vertrag, daß sie als Kleingedrucktes mit Vertragsurkunden verbunden werden. Nach § 2 Abs. 1 AGBG ist aber auch möglich, daß „durch deutlich sichtbaren Aushang am Ort des Vertragsabschlusses auf sie" hingewiesen wird und die andere Vertragspartei die Möglichkeit hat, „in zumutbarer Weise von ihrem Inhalt Kenntnis zu nehmen".

Widerspricht der Verbraucher einer AGB-Klausel, wird sie selbstverständlich nicht Vertragsbestandteil; nicht immer werden aber die Verwender zu bewegen sein, zu von ihren AGB abweichenden Konditionen Verträge zu schließen.

Die AGB müssen „bei Vertragsschluß" (vgl. § 2 Abs. 1 AGBG) einbezogen werden, bei fernmündlich geschlossenen Verträgen also durch einen Hinweis auf verwendete AGB; eine nachträgliche Zurkenntnisgabe genügt nicht.

c) Kontrolle von Form und Inhalt von AGB

„Bestimmungen in Allgemeinen Geschäftsbedingungen, die nach den Umständen, insbesondere nach dem äußeren Erscheinungsbild des Vertrags, so ungewöhnlich sind, daß der Vertragspartner des Verwenders mit ihnen nicht zu rechnen braucht, werden nicht Vertragsbestandteil", § 3 AGBG.

Nach § 11 AGBG sind Klauseln bestimmter Art „verboten", d.h. unwirksam. Größere Bedeutung erlangt hier u.a. § 11 Nr. 7 AGBG, wonach beispielsweise generelle Haftungsausschlüsse in AGB nicht wirksam vereinbart werden können. Allerdings kommt hierbei neben § 11 Nr. 7 auch § 9 zur Anwendung. Ein Beispiel: „1. Eine in AGB des Betreibers einer Autowaschanlage verwendete Bestimmung, nach der die Haftung für Lackschäden sowie für außen an der Karosserie angebrachte Teile (wie z.B. Zierleisten, Spiegel, Antennen und Scheibenwischer) und dadurch entstandene Folgeschäden auf grobes Verschulden beschränkt wird, ist unwirksam. 2. Unwirksam ist ferner eine Bestimmung, welche die Ersatzpflicht auf den reinen Sachschaden an einem Kraftfahrzeug beschränkt und eine weitergehende Ersatzpflicht von grobem Verschulden abhängig ist." (LG Bayreuth BB 1983, 152)

Nach § 10 AGBG sind AGB-Klauseln bestimmer Art „verboten", d.h. unwirksam, welche im Hinblick auf die Interessenlage der Vertragspartner den Verbraucher unangemessen, in sachlich ungerechtfertigter Weise oder in unzumutbarer Weise benachteiligen. Unwirksam in AGB ist daher etwa auch „eine Bestimmung, die vorsieht, daß eine Erklärung des Verwenders von besonderer Bedeutung dem anderen Vertragsteil als zugegangen gilt", § 10 Nr. 6 AGBG.

Während sich diese Vorschriften auf Klauseln bestimmter Art beziehen, regelt § 9 AGBG allgemein die Unwirksamkeit von AGB-Klauseln, welche den Verbraucher entgegen den Geboten von Treu und Glauben unangemessen benachteiligen. Diese Generalklausel ist nach ständiger Rechtsprechung des BGH nicht subsidiär im Hinblick auf §§ 10f AGBG, so daß auch Klauseln, welche einer der in §§ 10f AGBG geregelten Klauseln ähnlich sind, unabhängig von der Inhaltskontrolle nach §§ 10f AGBG der Inhaltskontrolle nach § 9 unterliegen.

Absatz 2 dieser Vorschrift gibt wichtige Interpretationshilfen zur Feststellung „unangemessener Benachteiligungen entgegen den Geboten von Treu und Glauben“:

Dies ist nach Nr. 2 der Fall, „wenn eine Bestimmung ... wesentliche Rechte oder Pflichten, die sich aus der Natur des Vertrages ergeben, so einschränkt, daß die Erreichung des Vertragszwecks gefährdet ist.“ Größere Bedeutung hat Nr. 1, betreffend Bestimmungen, welche „mit wesentlichen Grundgedanken der gesetzlichen Regelung, von der abgewichen wird, nicht zu vereinbaren“ sind.

Die Inhaltskontrolle nach §§ 9ff AGBG beschränkt sich aber nach § 8 AGBG auf solche „Bestimmungen in Allgemeinen Geschäftsbedingungen, durch die von Rechtsvorschriften abweichende oder diese ergänzende Regelungen vereinbart werden.“ Nicht der Kontrolle unterliegen damit Leistungsbeschreibungen (s. *Bultmann* 1990, 36), Preisvereinbarungen (s. *Bultmann* 1990, 37) oder die in AGB vorgenommene Wiedergabe von Rechtsvorschriften.

Nach der – angegriffenen (s. aber *Köndgen* 1989, 943ff, m. Nachw.) – Rechtsprechung des BGH sind auch Klauseln aufgrund § 9 AGBG unwirksam, welche gegen das Gebot der Transparenz von AGB-Klauseln verstoßen. Wesentlicher Gesichtspunkt für den BGH ist die Forderung, daß der Verbraucher in der Lage sein muß, die preislichen Konditionen des Klausel-Verwenders zu überschauen und mit konkurrierenden Angeboten zu vergleichen (BGH NJW 1989, 222, 224; BGH NJW 1989, 582, 583).

Beispiele für die Anwendungen der §§ 9ff AGBG auf mehrere Vertrags-Typen sind in diesem Buch im jeweiligen Zusammenhang angegeben: s. zu Wohnraum-Mietverträgen S. 42, zu Kreditverträgen S. 46, zu Reiseverträgen S. 66, zu Arztverträgen S. 36.

Eine ausführliche Zusammenstellung branchentypischer Klauseln findet sich bei *Bultmann* 1990, 53ff.

§ 5 AGBG regelt, daß „Zweifel bei der Auslegung Allgemeiner Geschäftsbedingungen“ „zu Lasten des Verwenders“ gehen. Dies bedeutet nicht etwa, daß eine unklare AGB-Klausel so auszulegen ist, daß ihr der für den Verbraucher günstigste Inhalt beigemessen wird. Sondern umgekehrt ist der für den Verbraucher ungünstigste Inhalt der Auslegung zugrunde zu legen; denn dann ist die Chance am höchsten, daß die Klausel an der Inhaltskontrolle nach den §§ 9ff AGBG scheitert und unwirksam ist.

Dies gilt allerdings nur dann, wenn die Wirksamkeit von AGB im Unterlassungsverfahren nach § 13 AGBG (s. unten d) zu prüfen ist (BGH NJW 1990, 763, m. Nachw.). Im Individualprozeß eines Kunden kann dagegen bei Mehrdeutigkeiten die kundengünstigste Auslegung geboten sein (BGH aaO.).

Die Konsequenz der Unwirksamkeit einer AGB-Klausel ist grundsätzlich (vgl. § 6 Abs. 3 AGBG), daß die von ihr scheinbar verdrängten gesetzlichen Regelungen zur Anwendung kommen, § 6 Abs. 2, Abs. 1 AGBG.

d) Verbandsklage

Bei Unwirksamkeit einer AGB-Klausel kann sich nicht nur der Verbraucher auf die Unwirksamkeit im Einzelfall berufen. Sondern die Unwirksamkeit kann nach § 13 AGBG abstrakt von Verbänden, insbesondere von Verbraucherverbänden, geltend gemacht werden. Genauer legt das Gesetz für die Klagebefugnis fest, daß es sich um einen rechtsfähigen Verband handeln muß, zu dessen satzungsgemäßen Aufgaben es gehört, die Interessen der Verbraucher durch Aufklärung und Beratung wahrzunehmen, wenn er in diesem Aufgabenbereich tätige Verbände oder mindestens fünfundsiebzig natürliche Personen als Mitglieder hat, § 13 Abs. 2 Nr. 2 AGBG. Der in dieser Hinsicht wichtigste Verband ist der Verbraucherschutzverein, Berlin, zu dessen Mitgliedern die Verbraucherzentralen, die Arbeitsgemeinschaft der Verbraucherverbände und die Stiftung Warentest zählen.

Der Anspruch richtet sich auf Unterlassung der Verwendung unwirksamer AGB-Bestimmungen oder auf Widerruf der Empfehlung solcher Bestimmungen; Anspruchsgegner sind also nicht nur die Verwender unwirksamer AGB, sondern auch andere, beispielsweise ein Haus- und Grundbesitzer-Verein, der Mietvertragsformulare an seine Mitglieder aushändigt.

Vor Erhebung einer Klage mahnt der Verband den Unternehmer ab und fordert ihn auf, eine – in der Regel strafbewehrte – Unterlassungserklärung abzugeben.

Sachlich und örtlich zuständig ist nach § 14 Abs. 1 AGBG das Landgericht, in dessen Bezirk der Beklagte seine gewerbliche Niederlassung oder in Ermangelung einer solchen seinen Wohnsitz hat.

Ansprüche aus § 13 AGBG verjähren nach § 13 Abs. 4 AGBG in zwei Jahren von dem Zeitpunkt an, in welchem der Anspruchsberechtigte von der Verwendung oder Empfehlung der unwirksamen Allgemeinen Geschäftsbedingungen Kenntnis erlangt hat, ohne Rücksicht auf diese Kenntnis in vier Jahren von der jeweiligen Verwendung oder Empfehlung an (in der Praxis gelingt es immer wieder, auch nach Verjährung Unterlassungserklärungen von Verwendern unwirksamer AGB-Klauseln zu erhalten).

5. Strafrecht und Ordnungswidrigkeitenrecht

Wer andere verleitet, Verträge abzuschließen, welche für diese nachteilig sind, riskiert nicht nur nach den zuvor genannten Regelungen, daß die Verträge nicht eingehalten zu werden brauchen. Es droht auch strafrechtliche Verfolgung: „Wer in der Absicht, sich oder einem Dritten einen rechtswidrigen Vermögensvorteil zu verschaffen, das Vermögen eines anderen dadurch beschädigt, daß er durch Vorspiegelung falscher oder durch Entstellung oder Unterdrückung wahrer Tatsachen einen Irrtum erregt oder unterhält, wird mit Freiheitsstrafe bis zu fünf Jahren oder mit Geldstrafe bestraft", § 263 Abs. 1 StGB (Strafgesetzbuch). Nach § 263 Abs. 2 StGB ist der Versuch strafbar.

Nach § 302a StGB sind der Mietwucher und andere ausbeutende Vertragsabschlüsse unter Strafe gestellt.

Nach § 5 des Wirtschaftsstrafgesetzes 1954 (WiStG) ist es eine Ordnungswidrigkeit, „vorsätzlich oder leichtfertig für die Vermietung von Räumen zum Wohnen oder damit verbundene Nebenleistungen unangemessen hohe Entgelte" zu fordern, sich versprechen zu lassen oder anzunehmen. „Unangemessen hoch sind Entgelte, die infolge der Ausnutzung eines geringen Angebots an vergleichbaren Räumen die üblichen Entgelte um mehr als 20 vom Hundert übersteigen, die in der Gemeinde oder in vergleichbaren Gemeinden für die Vermietung von Räumen vergleichbarer Art, Größe, Ausstattung, Beschaffenheit und Lage oder damit verbundene Nebenleistungen in den letzten drei Jahren vereinbart oder ... geändert worden sind", § 5 Abs. 2 Satz 1 WiStG.

§ 2. Leistungsstörungen

Fall: Verbraucherin M bestellt für die Kindergeburtstagsfeier ihrer Tochter zwei Torten, zu liefern zwischen 15:30 Uhr und 16 Uhr, bei Konditor K. K liefert die Torten um 18:30 Uhr.

Literatur: *Palandt* 1993

Gegenstand dieses Paragraphen

Probleme für Verbraucher können daraus entstehen, daß ihre Vertragspartner vertragliche Pflichten nicht erfüllen oder zur Unzeit, insbesondere verspätet erfüllen oder schlecht erfüllen. Im Rahmen dieses Buches sollen hierzu nur einige Aspekte, und diese nur kursorisch, erörtert werden. Denn es kann davon ausgegangen werden, daß es sich um Rechtsfragen handelt, mit welchen die meisten Leser dieses Buches ohnehin einigermaßen vertraut sind.

Die hier genannten Verbraucherrechte setzen einen Vertragsabschluß mit einem Anbieter voraus. Auf den Vertrags-Typ kommt es bei den Ansprüchen bei Nichterfüllung oder bei Verzug nicht an, sie gelten bei allen gegenseitigen Verträgen, beispielsweise bei Kaufverträgen (§§ 433 ff BGB), Dienstverträgen (§§ 611 ff BGB), Werkverträgen (§§ 631 ff BGB), Geschäftsbesorgungsverträgen (§ 675 BGB) usw.

Rechtsquellen

Die Folgen der Nichterfüllung, der Zu-Spät-Erfüllung und der Lieferung fehlerhafter Sachen sind im Bürgerlichen Gesetzbuch (BGB) geregelt. Sonstige Vertragsverletzungen können Schadensersatzansprüche auslösen, welche als Gewohnheitsrecht, ohne im Gesetz ausdrücklich geregelt zu sein, seit langem von den Gerichten anerkannt werden.

1. Nichtleistung, Verzug

Nach § 325 Abs. 1 Satz 1 BGB gilt: „Wird die aus einem gegenseitigen Vertrage dem einen Teil obliegende Leistung infolge eines Umstandes, den er zu vertreten hat, unmöglich, so kann der andere Teil Schadensersatz wegen Nichterfüllung verlangen."

Nach § 326 Abs. 1 Satz 1, 2 BGB gilt: „Ist bei einem gegenseitigen Vertrage der eine Teil mit der ihm obliegenden Leistung im Verzug, so kann ihm der andere Teil zur Bewirkung der Leistung eine angemessene

Frist mit der Erklärung bestimmen, daß er die Annahme der Leistung nach dem Ablaufe der Frist ablehne. Nach dem Ablaufe der Frist ist er berechtigt, Schadensersatz wegen Nichterfüllung zu verlangen oder von dem Vertrag zurückzutreten, wenn nicht die Leistung rechtzeitig erfolgt ist".

Wann der in dieser Vorschrift genannte Verzug eintritt, ist in § 284 BGB geregelt: „Leistet der Schuldner auf eine Mahnung des Gläubigers nicht, die nach dem Eintritt der Fälligkeit erfolgt, so kommt er durch die Mahnung in Verzug ... Ist für die Leistung eine Zeit nach dem Kalender bestimmt, so kommt der Schuldner ohne Mahnung in Verzug, wenn er nicht zu der bestimmten Zeit leistet."

2. Sachmängelhaftung

Ist eine gekaufte Sache oder eine in einem Werkvertrag zugesagte Leistung zum Zeitpunkt der Lieferung mit einem Fehler versehen, welcher den Wert oder die Tauglichkeit zu dem gewöhnlichen oder dem nach dem Vertrag vorausgesetzten Gebrauch aufhebt oder mindert, so liegt ein Fall der Haftung für Sachmängel nach den §§ 459ff BGB oder der Gewährleistung nach den §§ 633ff BGB vor.

Beim Fehlen zugesicherter Eigenschaften (§§ 459 Abs. 2, 463, 633 BGB) haftet der Verkäufer nicht nur in Höhe des Erfüllungsinteresses, also in der Regel nur bis zu einem Betrag, der dem Wert der Kaufsache entspricht, sondern es sind auch Mangelfolgeschäden zu ersetzen (Beispiel: V verkauft K Lack mit der Zusicherung, dieser sei zum Streichen von Holz-Fensterrahmen geeignet; ohne daß V und K dies wissen konnten, verursachte die luftdichte Lackschicht die Entstehung sogenannter Braunfäule an den Fensterrahmen. V haftet in Höhe der Kosten, die dieser Mangel zur Folge hatte, wozu insbesondere der Einbau neuer Fensterrahmen gehörte). Eine Eigenschaft ist nicht nur zugesichert, wenn dies im Vertrag ausdrücklich geregelt wird; die Zusicherung kann sich vielmehr auch aus den Umständen, etwa aus der Werbung für die Kaufsache, ergeben.

Die gesetzlichen Ansprüche richten sich auf Wandelung (§§ 462, 634 BGB), Minderung (§§ 462, 472, 634 BGB), Schadensersatz wegen Nichterfüllung (§§ 463, 635 BGB), Lieferung einer fehlerfreien Sache (§ 480 BGB) oder Nachbesserung (§ 633 BGB). Im Vertrag, beispielsweise in Allgemeinen Geschäftsbedingungen, können die gesetzlichen Ansprüche modifiziert sein.

Regelmäßig verjähren diese Ansprüche sechs Monate nach der Lieferung, §§ 477, 638 BGB (Ausnahmen sind ebenfalls in §§ 477, 638 BGB geregelt).

3. Verschulden bei Vertragschluß und Positive Vertragsverletzung

Wer schuldhaft, also fahrlässig oder vorsätzlich, vorvertragliche oder vertragliche Sorgfaltspflichten gegenüber dem Vertragspartner bzw. dem künftigen oder potentiellen Vertragspartner verletzt, ist nach der ständigen Rechtsprechung des Reichsgerichts und des Bundesgerichtshofs verpflichtet, den daraus entstandenen Schaden zu ersetzen (RGZ 95, 58; 120, 215; 162, 156; BGHZ 6, 333; 66, 54).

§ 3. Wettbewerbsrecht

Fall: Unternehmer U vertreibt sein Produkt im Direktmarketing. Seine Vertreter arbeiten ständig mit psychologischem Druck auf die Kunden und mit irreführenden Informationen. Verbraucherzentrale VZ wendet sich an die bei der Industrie- und Handelskammer eingerichtete Einigungsstelle mit dem Ziel, den U dazu zu veranlassen, seine unlauteren Vertriebsmethoden einzustellen.

Literatur: *Baumbach-Hefermehl* 1993

Gegenstand dieses Paragraphen

Das Wettbewerbsrecht richtet sich gegen wettbewerbswidriges Verhalten in Form unlauteren Wettbewerbs, in Form von Kartellbildungen oder in Form einer Ausnutzung von Marktmacht. Geschützt werden sollen dadurch der Wettbewerb an sich, nämlich im Allgemeininteresse, ferner die Mit-Wettbewerber, aber auch die Verbraucher, denen ein funktionierender Wettbewerb zugute kommt. Von den wettbewerbsrechtlichen Regelungen werden hier solche erörtert, welche einen direkten Bezug zur Rechtssituation der Verbraucher haben.

Rechtsquellen

Die wichtigsten wettbewerbsrechtlichen Vorschriften sind die EG-Verordnung über die Zusammenschlußkontrolle, das Gesetz gegen Wettbewerbsbeschränkungen (dessen § 15 vertikale Preisbindungen verbietet, wobei nach § 16 GWB nur für Verlagserzeugnisse eine Ausnahme gilt) und das Gesetz gegen den unlauteren Wettbewerb. Dieses regelt Unterlassungs- und Schadensersatzansprüche (z. B. § 1 UWG), ein Rücktrittsrecht für den Fall, daß der Abnehmer durch unwahre und irreführende Werbeangaben zur Abnahme bestimmt wurde (§ 13a UWG), Straftatbestände (z.B. § 4 UWG), einen Ordnungwidrigkeits-Tatbestand (§ 6 UWG) und einschlägige Verfahren einschließlich einer außergerichtlichen Einigung (§ 27a UWG).

Sonstige Werbebeschränkungen bestehen im Berufsrecht der Ärzte und Apotheker (bei diesen ist umstritten, ob und inwieweit Werbebeschränkungen auch hinsichtlich des Nebensortiments gelten, BVerwG NJW 1992, 994) und in speziellen Regelungen u.a. des Lebensmittelrechts (nach § 22 LMBG ist beispielsweise die Werbung für Tabakwaren im Rundfunk untersagt) und des Heilmittelwerbegesetzes.

Die weiteren Ausführungen beziehen sich auf das UWG.

1. Die Generalklauseln des UWG

Die §§ 1 und 3 UWG, die sogenannte große und die sogenannte kleine Generalklausel des UWG, beziehen sich auf allgemein unlauteres Verhalten im Wettbewerb und auf die Irreführung von Verbrauchern.

Nach § 1 UWG gilt: „Wer im geschäftlichen Verkehre zu Zwecken des Wettbewerbs Handlungen vornimmt, die gegen die guten Sitten verstoßen, kann auf Unterlassung und Schadensersatz in Anspruch genommen werden."

In Vorbereitung ist eine EG-Richtlinie über vergleichende Werbung (vgl. **o.V.** 1992 b, S. 167).

Es stellt einen Verstoß gegen § 1 UWG dar, wenn bewußt und planmäßig gegen Regelungen verbraucherschützender Gesetze wie beispielsweise das Wohnungsvermittlungsgesetz, das Gesetz über den Widerruf von Haustürgeschäften und ähnlichen Geschäften oder das Heilmittelwerbegesetz verstoßen wird.

Nach § 3 UWG gilt: „Wer im geschäftlichen Verkehr zu Zwecken des Wettbewerbs über geschäftliche Verhältnisse, insbesondere über die Beschaffenheit, den Ursprung, die Herstellungsart oder die Preisbemessung einzelner Waren oder gewerblicher Leistungen oder des gesamten Angebots, über Preislisten, über die Art des Bezugs oder die Bezugsquelle von Waren, über den Besitz von Auszeichnungen, über den Anlaß oder den Zweck des Verkaufs oder über die Menge der Vorräte irreführende Angaben macht, kann auf Unterlassung der Angaben in Anspruch genommen werden."

§ 3 UWG findet nur Anwendung, wenn die irreführenden Angaben geeignet sind, den Kaufentschluß eines nicht unerheblichen Teils der umworbenen Verkehrskreise irgendwie zu beeinflussen.

Die Feststellung der Eignung zur Irreführung bestimmt sich nach der Auffassung der umworbenen Verkehrskreise, da irreführende Angaben i.S.d. § 3 UWG nicht die objektiv unrichtigen, sondern die subjektiv unrichtigen Aussagen sind. Auch eine objektiv wahre Aussage kann irreführend sein.

Der Verkehrskreis wird dabei festgelegt durch den Personenkreis (Fachleute oder breite Öffentlichkeit), an den sich die Werbung richtet, unter Berücksichtigung der sozialen Situation und des Sprachgebrauchs des Kreises. Kann man diesen Verkehrskreis nicht örtlich oder sachlich abgrenzen, so entscheidet die allgemeine Auffassung.

Grundsätzlich ist daher vom Gesamteindruck des flüchtigen Durchschnittsbetrachters oder -hörers auszugehen, der eine Werbebehauptung ungezwungen und unkritisch wahrnimmt. Wettbewerbsrelevant ist jedoch nur, welche Wirkung die Ankündigung auf einen nicht unerheblichen – nicht unbeachtlichen – Teil der Verkehrskreise hat, an die sie sich wendet. Dieser gegen die Irreführung zu schützende Personenkreis liegt nicht prozentual fest, sondern wird nach Lage des Falles unter Abwägung der Interessen der Marktbeteiligten bestimmt.

Ob eine Angabe irreführend ist oder nicht, hat im Streitfall das Gericht unter Berücksichtigung des gesamten Inhalts der Verhandlungen und des Ergebnisses einer etwaigen Beweisaufnahme nach freier Überzeugung zu entscheiden, § 286 ZPO. Das Gericht ist auch bei nicht offenkundigen Tatsachen nicht an bestimmte Beweisregeln gebunden. In welchem Sinn eine Werbeangabe von den beteiligten Verkehrskreisen aufgefaßt wird, ist nicht immer leicht festzustellen. Ob sich der Tatrichter selbst ein zuverlässiges Urteil über die irreführende Wirkung einer Werbeangabe zu bilden vermag oder ob er Beweis erheben, insbesondere Sachverständige anhören muß, hängt von den Umständen des Einzelfalls ab. Dabei ist ausschlaggebend, ob der Tatrichter dem maßgeblichen Verkehrskreis angehört und ob er die Irreführung bejahen oder verneinen will. Gehört der Richter dem Verkehrskreis an, um den für die angebotenen Waren geworben wird, so wird seine eigene Lebenserfahrung und Sachkunde im allgemeinen ausreichen, wenn es um die Frage geht, ob die Irreführung eines nicht ganz unerheblichen Teils des Verkehrs festzustellen ist. Die Beurteilung der Irreführung durch den Richter vom Standpunkt des unbefangenen und flüchtig wahrnehmenden Durchschnittsbetrachters ist im allgemeinen auch dann möglich, wenn das Wissen des Richters weiter geht als das der angesprochenen Verkehrskreise. Will dagegen das Gericht die Eignung einer Werbeangabe, die Gesamtheit der umworbenen Verkehrskreise irrezuführen, verneinen, so darf es nicht ohne weiteres seine Auffassung, die nur einer bestimmten Käuferschicht entspricht, der Auffassung des Verkehrs gleichsetzen.

Geeignete Beweismittel sind sowohl Auskünfte bei Industrie- und Handelskammern sowie Wirtschaftsverbänden als auch Meinungsumfragen. Dabei sind die Auskünfte der Kammern und Verbände eher geeignet, die Verkehrsauffassung in Kreisen der verarbeitenden Industrie, des Handels oder fachkundiger Abnehmer wiederzugeben als die der Letztverbraucher, da sie nur mittelbar über deren Auffassung Aufschluß geben können. Meinungsumfragen können dagegen die Auffassung der angesprochenen Verkehrskreise unmittelbar wiedergeben.

Irreführende Angaben über geschäftliche Verhältnisse, die im geschäftlichen Verkehr zu Zwecken des Wettbewerbs gemacht werden und nach § 3 UWG verboten sind, können zugleich eine unlautere Wettbewerbshandlung i.S. des § 1 UWG darstellen. Aber nur wenn die irreführende Angabe über geschäftliche Verhältnisse gleichzeitig sittenwidrig ist, wird neben § 3 UWG auch die Generalklausel des § 1 UWG anwendbar, d.h. es besteht dann Anspruchs(normen)konkurrenz.

In der Praxis gewinnen solche Verstöße gegen § 3 UWG zunehmende Bedeutung, welche darin bestehen, daß mit Angaben zur Gesundheit (vgl. KG NJW-RR 1987, 624–625) oder mit Angaben zur Umweltfreundlichkeit (LG Köln, Urt. vom 19. 11. 1985 – 31 O 376/85: die Verwendung des Umweltzeichens „Blauer Engel" kann irreführend sein, auch wenn es dem Produkt von der Jury Umweltzeichen zugesprochen wurde; BGHZ 105, 277; OLG Düsseldorf GRUR 1988, 55-59; LG Köln GRUR 1988, 59-61) geworben wird. (GRUR ist die Abkürzung für die Zeitschrift „Gewerblicher Rechtsschutz und Urheberrecht".)

§§ 1 und 3 UWG kommen zur Anwendung, wenn in unlauterer Weise mit den Ergebnissen von Warentests geworben wird (vgl. § 15, Abschnitt 3.). Die Übernahme falscher, unsachlicher oder zeitlich überholter Testergebnisse führt zu den Sanktionsmöglichkeiten der §§ 1 und 3 UWG gegen den Werbenden. Unter den Gesichtspunkt der Irreführung fällt auch, wenn der Werbende allein die für ihn positiven Beurteilungen unter Weglassung der negativen herausstellt. Zulässig ist allerdings die Werbung allein mit der zusammenfassenden Wertung des Testers (z. B. „sehr empfehlenswert").

2. Weitere Regelungen des UWG mit unmittelbarem Verbraucher-Bezug

Ein Rücktrittsrecht bei unwahren und irreführenden Werbeangaben, aber nur, wenn der Werbende in der Absicht, den Anschein eines besonderen Angebots hervorzurufen, öffentlich geworben hat, ergibt sich aus §§ 13 a, 4 UWG.

Derartige Werbung ist nach § 4 UWG zudem strafbar.

Wird in öffentlichen Bekanntmachungen oder in Mitteilungen, die für einen größeren Kreis von Personen bestimmt sind, der Verkauf von Waren angekündigt, die aus einer Konkursmasse stammen, aber nicht mehr zum Bestande der Konkursmasse gehören, so ist dabei jede Bezugnahme auf die Herkunft der Waren aus einer Konkursmasse verboten, § 6 UWG.

Wer gegenüber dem letzten Verbraucher mit dem Hinweis wirbt, Hersteller oder Großhändler zu sein, ohne diese Funktion zu besitzen, verstößt gegen § 6 a UWG.

Nach § 6 b UWG ist die Ausgabe von Einkaufs-Berechtigungsscheinen an letzte Verbraucher wettbewerbswidrig.

Gleiches gilt nach § 6 c UWG für die progressive Kundenwerbung nach dem „Schneeballsystem" und nach § 6 d UWG für die Werbung mit mengenmäßig beschränkten Angeboten (die Rechtsprechung hat aber die öffentliche Werbung für eine Ware mit dem Hinweis auf eine Beschränkung der Abgabemenge nicht grundsätzlich als wettbewerbswidrig angesehen, sondern auf die Umstände des Einzelfalls abgestellt und beispielsweise eine Beschränkung der Abgabemenge bei Sonderangeboten eines

Lebensmittel-Supermarktes auf „Mengen, wie für einen Vier-Personen-Haushalt üblich“ nicht beanstandet, BGH GRUR 1984, 596).

Nach § 6e UWG ist die Werbung mit blickfangmäßig herausgestellten Preissenkungen unzulässig. Dieses Verbot, dessen Einführung von den Verbraucherverbänden als verbraucherunfreundlich kritisiert worden war (o.V. 1987, S. 2f), ist durch die Rechtsprechung sehr eng begrenzt worden: Nach BGH GRUR 1988, 834–836, sind Preisgegenüberstellungen erlaubt, wenn hinreichender Anlaß für diese Verbraucherinformation besteht und sie nicht blickfangmäßig herausgestellt werden. Der Handel hat daraus abgeleitet, daß nur einzelne, mit Rotstift plakativ herausgestellte Preisherabsetzungen augenfällig sind, also als verboten gelten müssen, während massenhaft durchgeführte Korrekturen erlaubt bleiben. Das im UWG verankerte Verbot der Gegenüberstellung von altem und neuem Preis ist als Beschränkung des freien Warenverkehrs in der Europäischen Gemeinschaft vom **Europäischen Gerichtshof** für unanwendbar erkannt worden, wenn ein ausländisches in der EG ansässiges Unternehmen in mehreren Staaten mit Prospekten mit Preisgegenüberstellungen wirbt (o.V. 1993 b, S. 1068).

Unzulässig sind nach Maßgabe der §§ 7, 8 UWG Sonderveranstaltungen und Sonderverkäufe, mit den dort geregelten Ausnahmen.

Im übrigen sind Änderungen der Regelungen der §§ 6e, 6d, 7 und 13 UWG in Vorbereitung.

3. Geltendmachung von Wettbewerbsverstößen

§ 13 Abs. 1 UWG regelt, daß Zuwiderhandlungen gegen die §§ 1, 3, 4, 6 bis 6e, 7 oder 8 UWG unter anderem geltend gemacht werden können von rechtsfähigen Verbänden, zu deren satzungsgemäßen Aufgaben es gehört, die Interessen der Verbraucher durch Aufklärung und Beratung wahrzunehmen. Im Falle des § 1 UWG können diese Verbände den Anspruch auf Unterlassung nur geltend machen, wenn der Anspruch eine Handlung betrifft, durch welche wesentliche Belange der Verbraucher berührt werden.

Die Verbandsklage ist zulässig bei bewußten und planmäßigen Verstößen gegen verbraucherschützende Bestimmungen (BGH GRUR 1973, 655, 657; GRUR 1977, 77, 78; GRUR 1981, 140, 142), aber auch schon bei Gefahr eines künftigen Verstoßes gegen Verbraucherschutzgesetze (BGHZ 14, 163, 169; BGH GRUR 1957, 342, 345; GRUR 1977, 498, 500).

Vor Erhebung einer Klage mahnt der Verband den Unternehmer ab und fordert ihn auf, eine strafbewehrte Unterlassungserklärung abzugeben. Der Unternehmer, welcher einen Wettbewerbsverstoß begangen hat, muß dem Verband die notwendigen Aufwendungen für eine vorprozessuale Abmahnung erstatten (BGHZ 52, 393).

Sachlich zuständig ist, abhängig vom Streitwert (§ 23 Nr. 1 GVG), das Amts- oder das Landgericht. Beim Landgericht ist die Kammer für Handelssachen funktionell zuständig (§ 27 UWG, §§ 94, 95 Abs. 1 Nr. 5 GVG). Diese funktionelle Zuständigkeit ist keine ausschließliche, so daß die Klage auch bei der Zivilkammer erhoben werden kann; der Beklagte kann dann aber die Verweisung an die Kammer für Handelssachen beantragen.

Örtlich zuständig ist das für den Sitz des zu verklagenden Unternehmens zuständige Gericht sowie das Gericht des Ortes, wo der Wettbewerbsverstoß begangen wurde, § 24 UWG.

Beispiel: Bei einer bundesweit geschalteten wettbewerbswidrigen Anzeige ist jedes Gericht örtlich zuständig.

Den Kläger trifft für den behaupteten Wettbewerbsverstoß die Behauptungs- und Beweislast. Daß beispielsweise eine Angabe über geschäftliche Verhältnisse geeignet ist, die betroffenen Verkehrskreise irrezuführen (§ 3 UWG), hat der Kläger zu behaupten und zu beweisen.

In der Unterlassungklage muß die konkrete Gefahr künftiger Rechtsverletzungen vorgetragen werden. Nach der Rechtsprechung (BGH BB 1981, 1791; NJW 1981, 2412; NJW 1982, 178, 179) begründet ein Gesetzesverstoß bereits die tatsächliche Vermutung der Wiederholungsgefahr, es sei denn, daß der Unternehmer eine strafbewehrte Unterlassungserklärung abgibt.

Ansprüche aus § 13 UWG verjähren nach § 21 Abs. 1 UWG in sechs Monaten von dem Zeitpunkt an, in welchem der Anspruchsberechtigte von der Handlung und von der Person des Verpflichteten Kenntnis erlangt, ohne Rücksicht auf diese Kenntnis in drei Jahren von der Begehung der Handlung an.

In Eilfällen kann die Beantragung einer einstweiligen Verfügung in Betracht kommen.

Der einstweilige Rechtsschutz kann beispielsweise in wettbewerbsrechtlichen Konflikten eine Rolle spielen, wenn es darum geht, einen Wettbewerbsverstoß möglichst schnell zu unterbinden, etwa bei kurzfristig angekündigten Werbemaßnahmen. Die maßgeblichen Vorschriften sind die §§ 935, 940 ZPO. Danach sind einstweilige Verfügungen in bezug auf einen Streitgegenstand zulässig, wenn zu besorgen ist, daß durch eine Veränderung des bestehenden Zustandes die Verwirklichung des Rechtes einer Partei vereitelt oder wesentlich erschwert werden könnte (§ 935 ZPO), oder wenn dies zum Zwecke der Regelung eines einstweiligen Zustandes in bezug auf ein streitiges Rechtsverhältnis nötig erscheint (§ 940 ZPO). Zur Sicherung der wettbewerbsrechtlichen Unterlassungsansprüche können nach § 25 UWG einstweilige Verfügungen erlassen werden, auch wenn die in den §§ 935, 940 der Zivilprozeßordnung bezeichneten Voraussetzungen nicht zutreffen. Das hat die Konsequenz, daß bei Wettbewerbsverstößen die Dringlichkeit vermutet wird.

In Eilfällen kann das Verfahren der einstweiligen Verfügung sehr schnell ablaufen. Hierzu trägt bei, daß der Richter ohne mündliche Verhandlung und nur aufgrund des gestellten Antrags eine Entscheidung treffen kann. Es wird auf eine Beweisaufnahme verzichtet. Die Glaubhaftmachung des Anspruchs durch Vorlage von Urkunden oder eidesstattlichen Versicherungen ist ausreichend. Die Erwirkung einer einstweiligen Verfügung setzt einen Verfügungsanspruch (bei wettbewerbsrechtlichen Streitigkeiten in der Regel einen Unterlassungsanspruch) und einen Verfügungsgrund voraus; beim Verfügungsgrund geht es um die Dringlichkeit der beantragten Regelung.

Der Antragsteller reicht einen Verfügungsantrag bei Gericht ein. Dieser mit einer Klageschrift vergleichbare Schriftsatz sollte neben einem den Antrag stützenden Sachvortrag eine rechtliche Würdigung enthalten. Die Glaubhaftmachung erfolgt durch mit dem Verfügungsantrag eingereichte Urkunden oder eidesstattliche Versicherungen.

Hat das Gericht ohne Anhörung des Antragsgegners die einstweilige Verfügung erlassen, hat dieser die Möglichkeit, zu widersprechen und seine Position dem Gericht darzulegen. Je nachdem, ob seine Argumente überzeugen, hebt das Gericht die Beschlußverfügung auf oder bestätigt sie.

Erweist sich die Anordnung einer einstweiligen Verfügung als von Anfang an ungerechtfertigt, so hat nach § 945 ZPO die Partei, die sie erwirkt hat, dem Gegner Schadensersatz zu leisten.

§ 4. Produktsicherheit

Fall: A kauft bei Händler B einen Rühr-Mixer, ein Küchengerät zur Herstellung von Gemüsesaft. Infolge eines Materialfehlers, welcher bei den Kontrollen im Herstellerwerk C unbemerkt geblieben war, zerbirst ein Teil des Gerätes bei der ersten Benutzung. Durch umherfliegende Splitter erleidet A eine irreversible Augenverletzung.

Literatur: *von Westphalen* 1989

Gegenstand dieses Paragraphen

Regelungen, welche die Verbraucher vor Gesundheitsschädigungen bei der Verwendung von Produkten schützen sollen, gibt es im Zivilrecht (Produkthaftung), im Strafrecht (dort nicht in Form spezieller Regelungen, sondern die von der Redaktion der Neuen Juristischen Wochenschrift zu BGH NJW 1990, 2560 so genannte strafrechtliche Produkthaftung wird erfaßt von den allgemeinen Strafrechtsnormen, welche die Körperverletzung oder die Tötung unter Strafe stellen) und im Verwaltungsrecht.

Die Produkthaftung dürfte einer der praktisch bedeutsamsten Bereiche des Verbraucherschutzrechts sein. Auf Seiten von Anbietern bestehen hier auch Befürchtungen eines überzogenen Verbraucherschutzes oder US-amerikanischer Verhältnisse (aus hier nicht zu erörternden Gründen ist dort das Produkthaftungsrisiko ein erhebliches Problem für viele Unternehmen). Im übrigen wird in Gesprächen immer wieder der Fall kolportiert, daß (in einem Staat der USA) der Hersteller eines Mikrowellenherds haftete, als eine Verbraucherin ihren vom Regen genäßten Hund im Herd trocknen wollte und der Hund hierbei zu Tode kam; der Hersteller hätte, um seine Instruktionspflicht zu erfüllen, vor einer derartigen Verwendung des Herdes warnen sollen. Seriöse Quellen dafür, daß sich dies wirklich zugetragen hat, gibt es nicht. Die Geschichte kann zu den modernen Sagen gerechnet werden (vgl. *Brednich* 1992, S. 110ff). In Gebrauchsinformationen von Mikrowellenherden soll es einen entsprechenden Warnhinweis geben (*Hoechst* 1986, S. 57).

Rechtsquellen

Die Produkthaftung ist (wenn man von vertraglichen Ansprüchen absieht, s. § 2 Abschnitt 3.) im BGB als Teil des Rechts der unerlaubten Handlungen, im Produkthaftungsgesetz und für eine bestimmte Produktart im Arzneimittelgesetz (AMG), geregelt.

Die wesentlichen verwaltungsrechtlichen Vorschriften zur Produktsicherheit sind im Gerätesicherheitsgesetz enthalten.

Der strafrechtliche Schutz vor riskanten Produkten ergibt sich aus §§ 222, 230 StGB.

1. Produkthaftung

In Betracht kommende Haftende für Schäden beim Gebrauch oder Verbrauch riskanter Produkte sind der Hersteller, der Importeur und der Händler. In Betracht kommende Anspruchsinhaber sind der Geschädigte oder Dritte, welche Nachteile durch den Schaden erlitten haben.

Zu unterscheiden sind Schäden am betreffenden Produkt selbst (z.B. einer gekauften beweglichen Sache) von Mangelfolgeschäden an anderen Produkten sowie von Gesundheitsschäden.

Was Schäden am Produkt selbst betrifft, so werden Ersatzansprüche nicht unter den Begriff der Produkthaftung subsumiert. Anspruchsgrundlagen sind die Vorschriften der Sachmängelhaftung, für Kaufverträge beispielsweise also die §§ 459ff BGB, für Werkverträge die §§ 633ff BGB. Mangelbeseitigung, Minderung, Wandelung oder – in eingeschränktem Umfang – Schadensersatz wegen Nichterfüllung gemäß §§ 463 Satz 1, 480 Abs. 2, 635 BGB – sind die gesetzlichen Rechtsfolgen.

a) Haftung der Produkthersteller

aa) Deliktrechtliche Produkthaftung

Bestehen zwischen dem Produkthersteller und dem geschädigten Verbraucher (oder ggf. dritten Betroffenen) vertragliche Beziehungen, kommt eine Haftung aus positiver Vertragsverletzung (aufgrund Gewohnheitsrechts, genannt werden als Anspruchsgrundlage auch die §§ 280, 286, 325, 326 BGB; vgl. *Palandt-Heinrichs* § 276 Rz. 104ff) in Betracht. Voraussetzung ist, daß der Schaden durch eine vorsätzlich oder fahrlässig begangene Sorgfaltspflichtverletzung vertraglicher Pflichten verursacht wurde.

Typischerweise kommen aber bei der vorherrschenden industriellen Massenfertigung und den üblichen Vertriebsformen vertragliche Beziehungen zwischen den Produktherstellern und den Endverbrauchern nicht vor.

Die Hauptbedeutung kommt daher den gesetzlichen Anspruchsgrundlagen zu:

Es gibt zwei allgemeine Regelungskomplexe und einen speziellen Regelungskomplex zur Produkthaftung:
- das Produkthaftungsgesetz
- die §§ 823ff BGB
- die Haftungsregelungen im Arzneimittelgesetz.

Nach § 823 Abs. 1 BGB ist zum Schadensersatz verpflichtet, wer einen anderen an den Rechtsgütern Leben, Körper, Gesundheit oder Eigentum verletzt, wenn er dieses fahrlässig (oder vorsätzlich, was im vorliegenden Zusammenhang aber nicht relevant ist) tut, und wenn dadurch ein Schaden verursacht wird.

Rechtsprechung und Literatur leiten aus dieser Vorschrift schon seit langer Zeit (vgl. *Foerste* 1989, S. 263) die Haftung aus Verletzung von Verkehrssicherungs-Pflichten und speziell die Haftung aus dem Inverkehrbringen riskanter Produkte ab. Der allgemeine Grundgedanke der Verkehrssicherungs-Pflichten ist, daß, wer ein erhöhtes Risiko im Rechts- und Geschäfts-Verkehr schafft, verpflichtet ist, Vorkehrungen zu treffen, damit dieses erhöhte Risiko sich nicht verwirklicht. Die Pflichten des Produzenten betreffen
die Konstruktion: zu vermeiden sind Konstruktionsfehler, welche beim fertigen Produkt zu Schäden führen;
– die Fabrikation: zu vermeiden sind Fabrikationsfehler, welche zu Schäden führen;

allerdings haftet der Hersteller (aus § 823 BGB; anderes gilt für die unten erörterte Anspruchsgrundlage des § 1 ProdHaftG) für sog. „Ausreißer" nicht; das sind Fehler, die in einer bei Massenproduktion nicht beherrschbaren Weise äußerst selten vorkommen; die Haftung scheitert hier an der Fahrlässigkeit: „Ausreißer" sind auch bei Anwendung der im Verkehr erforderlichen Sorgfalt (§ 276 Abs. 1 Satz 2 BGB) nicht zu vermeiden;
– die Instruktion: durch Gebrauchsanweisungen sind die Verbraucher vor Gefahren des Produkts zu schützen;
– die Produktbeobachtung: gewisse Risiken entstehen erst nach dem Inverkehrbringen von Exemplaren des Produkts, und auch dann hat der Hersteller geeignete Gegenmaßnahmen zu ergreifen.

Der Hersteller haftet nicht für sog. Entwicklungsrisiken; dies sind Risiken, welche ihm zum Zeitpunkt des Inverkehrbringens des betreffenden Produkts noch nicht bekannt waren oder bekannt sein mußten.

Für die Produktsicherheit ist in erster Linie die durchschnittliche Erwartung derjenigen Verbraucher maßgebend, für die das jeweilige Produkt bestimmt ist (*von Westphalen* 1989, S. 317). Nach *von Westphalen* 1989, S. 318f, verbindet der Verbraucher bei bestimmten Waren ein Sicherheitsdefizit auch mit einer minderen Qualitätskategorie; das billigere Produkt muß aber eine Mindestsicherheit bieten, die – dem Verkehr ersichtlich – nur durch einen Aufwand gesteigert werden kann, der einen wesentlich höheren Warenpreis bedingt.

Was das Verschulden des Produzenten betrifft, so trägt nach ständiger Rechtsprechung des **Bundesgerichtshofs** seit dem „Hühnerpestfall" (BGHZ 51, 91, 104ff) der Hersteller die Beweislast, da die Fehlerquellen in seinem Verantwortungsbereich liegen.

Es ist eine Rechtspflicht des Herstellers, seinen Betrieb – auch bei ausgeprägter Arbeitsteilung – so zu leiten und zu organisieren, daß für die Einhaltung der o.g. Verkehrssicherungspflichten gesorgt ist. Geschieht dies nicht, und es kommt deshalb zu einem Schaden, so werden die Folgen dem Hersteller als Organisationsverschulden haftungsrechtlich angelastet.

Für seine Mitarbeiter haftet der Hersteller nach Maßgabe des § 831 BGB. Allerdings wird diese Haftung für Verrichtungsgehilfen bei der Produzentenhaftung wegen der Haftung für Organisationsverschulden kaum relevant.

Vermögensschäden, die nicht gleichzeitig Schäden an Leben, Körper, Gesundheit oder Eigentum sind (§ 823 Abs. 1 BGB), lösen den deliktischen Schadensersatzanspruch nicht aus (vgl. aber §§ 823 Abs. 2, 826 BGB).

Eine weitere Anspruchsgrundlage für durch fehlerhafte Produkte geschädigte Verbraucher im Deliktsrecht ist § 823 Abs. 2 BGB in Verbindung mit Schutzvorschriften. Solche Schutzvorschriften sind:
- § 3 Gerätesicherheitsgesetz: Danach hat, wer technische Arbeitsmittel, Spiel-, Sport und Haushaltsgeräte (vgl. § 2 Gerätesicherheitsgesetz) in den Verkehr bringt, die dem allgemeinen Stand der Technik entsprechenden Sicherheitsstandards einzuhalten.
- § 5 AMG: Danach ist es verboten, Arzneimittel in den Verkehr zu bringen, welche nicht dem Stand der Wissenschaft hinsichtlich Qualität, Wirksamkeit und Unbedenklichkeit entsprechen.
- §§ 222, 230 StGB: Danach sind fahrlässige Tötung und Körperverletzung strafbar.

Eine ausführlichere Aufzählung von Schutzgesetzen findet sich bei *von Westphalen* 1989, 532ff.

Der Schadensersatzanspruch richtet sich auf Ersatz der durch die Tötung oder Gesundheitsverletzung eingetretenen Vermögensschäden wie Arztkosten (vgl. § 249 BGB), „Nachteile, welche ... für den Erwerb oder das Fortkommen des Verletzten“ eingetreten sind (§ 842 BGB), Kosten der Beerdigung (§ 844 Abs. 1 BGB) und entgangenen Unterhalt unterhaltsberechtigter Familienangehöriger (§ 844 Abs. 2 BGB), aber auch auf Schmerzensgeld nach § 847 Abs. 1 BGB.

Die Verjährung der Ansprüche aus § 823 BGB ist in § 852 BGB geregelt; „Der Anspruch ... verjährt in drei Jahren von dem Zeitpunkt an, in welchem der Verletzte von dem Schaden und der Person des Ersatzpflichtigen Kenntnis erlangt“ (maßgeblich ist also nicht der Zeitpunkt, an dem der Geschädigte erstmals die Höhe des Schadens beziffern kann), „ohne Rücksicht auf diese Kenntnis in dreißig Jahren ... Schweben zwischen dem Ersatzpflichtigen und dem Ersatzberechtigten Verhandlungen über den zu leistenden Schadensersatz, so ist die Verjährung gehemmt, bis der eine oder der andere Teil die Fortsetzung der Verhandlungen verweigert.“

Einige vom BGH in der letzten Zeit entschiedene Produkthaftungsfälle sind als Präzisierung und Weiterentwicklung des deliktischen Produkthaftungsrechts von Interesse.

Im „Honda"-Fall (BGHZ 99, 167) bejahte der BGH eine Produktbeobachtungspflicht der Kfz-Hersteller auch in bezug auf Fremdzubehör (a.A. *von Westphalen* 1989, S. 448). Nachdem der als Importeur aus Japan tätigen deutschen Niederlassung des Honda-Konzerns bekanntgeworden war, daß es nach der Verwendung einer von dritter Seite hergestellten Lenkerverkleidung für Honda-Motorräder zu gefährlichen Instabilitäten beim Betrieb der Motorräder kommen konnte, wurde der Tod eines auf solche Weise verunglückten Motorradfahrers der Niederlassung als fahrlässig verursacht zugerechnet.

In einem der anscheinend immer wieder vorkommenden Fälle (vgl. RGZ 97, 116), in welchen mit kohlensäurehaltigen Getränken gefüllte Glasflaschen explodieren, dehnte der BGH (in: BB 1988, 1624–1627) die Beweislast des Herstellers unter besonderen Umständen auf **Kausalitäts-**Fragen aus (es war nicht mehr zu klären, ob die Flasche den Fehler, der zur Explosion führte, schon aufwies, als sie den Herstellerbetrieb verließ, oder ob der Fehler erst später durch unsachgemäßen Umgang entstand) unter der Voraussetzung, daß der Produkthersteller keine in den Grenzen des technisch Möglichen und ihm wirtschaftlich Zumutbaren hinreichenden Vorkehrungen zur Vorbeugung eines solchen Fehlers oder Kontrollen zur Aufdeckung und Befundsicherung eines Fehlers vor der Auslieferung vorgenommen hatte, wozu er zum Schutz des Verbrauchers verpflichtet ist.

Wenn Kleinkinder zuckerhaltige Getränke aus Nuckelflaschen in der Weise zu sich nehmen, daß zuckerhaltiges Wasser längere Zeit im Mundraum vorhanden ist, kann es zu schwerwiegenden Schäden des Kauorgans kommen. Der **Bundesgerichtshof** sah in einem derartigen Fall die Instruktionspflicht des Herstellers verletzt und verurteilte ihn zum Schadensersatz (BGH NJW 1992, 560): „In Warnhinweisen über Produktgefahren muß die Art der drohenden Gefahr deutlich herausgestellt werden. Jedenfalls dann, wenn erhebliche Körper- oder Gesundheitsschäden durch eine Fehlanwendung des Produkts entstehen können, muß der Produktverwender auch erkennen können, warum das Produkt gefährlich werden kann." Und diese Anforderungen hatte die beklagte Herstellerin von Babynahrung nicht erfüllt.

bb) Das Produkthaftungsgesetz

Nach § 1 ProdHaftG ist der Hersteller eines Produkts, wenn durch dessen Fehler jemand getötet, sein Körper oder seine Gesundheit verletzt oder eine Sache beschädigt wird, verpflichtet, dem Geschädigten den daraus entstehenden Schaden zu ersetzen.

Vermögensschäden, die nicht gleichzeitig Schäden an Leben, Körper, Gesundheit oder Eigentum sind, lösen auch den Schadensersatzanspruch aus dem ProdHaftG nicht aus.

Nach § 3 ProdHaftG hat ein Produkt einen Fehler im Sinne des § 1 ProdHaftG, wenn es nicht die Sicherheit bietet, die unter Berücksichtigung aller Umstände berechtigterweise erwartet werden kann.

Dabei enthält § 3 ProdHaftG verschiedene Tatbestandselemente, welche für die berechtigten Sicherheitserwartungen von Belang sind, nämlich: die Darbietung des Produkts, der billigerweise zu erwartende Gebrauch des Produkts und der Zeitpunkt des Inverkehrbringens. In § 3 Abs. 2 ProdHaftG ist darüber hinaus geregelt: Das Inverkehrbringen eines verbesserten Produkts ist – für sich allein genommen – nicht so zu interpretieren, daß ein früher vermarktetes Produkt fehlerhaft war.

§ 1 Abs. 4 ProdHaftG enthält eine ausdrückliche Regelung über die Verteilung der Beweislast bei Schadensersatzansprüchen gemäß § 1 Abs. 1 ProdHaftG. Im Falle des Bestreitens durch die Gegenseite hat der Geschädigte den Schaden, den Fehler und den Ursachenzusammenhang zwischen Fehler und Schaden zu beweisen. Streng genommen ist diese Bestimmung überflüssig; denn nach den allgemeinen Beweisregeln muß grundsätzlich im Prozeß der Geschädigte alle anspruchsbegründenden Tatsachen beweisen. Mit § 1 Abs. 4 ProdHaftG wird aber jedenfalls erreicht, daß für die geregelten Tatbestandselemente keine Umkehr der Beweislast zum Nachteil des beklagten Herstellers durch die Rechtsprechung eingeführt wird.

Zu den Konsequenzen der Beweislastregel gehört, daß der Anspruch aus § 1 Abs. 1 ProdHaftG nicht durchgesetzt werden kann, wenn das fehlerhafte Produkt keinem Hersteller – etwa von mehreren in Betracht kommenden Herstellern – zugeordnet werden kann; in solchen Fällen kommt allerdings eine Haftung des Lieferanten aus § 4 Abs. 3 ProdHaftG in Betracht.

Der Hersteller haftet nur, wenn der schadenstiftende Produktfehler zu dem Zeitpunkt vorlag, als das Produkt in den Verkehr gebracht wurde. Für Fehler, die nach dem Inverkehrbringen des Produkts entstanden sind, haftet der Hersteller nicht, wie zum Beispiel dann, wenn der Geschädigte oder ein Dritter das Produkt – nach dessen Inverkehrbringen – unsachgemäß behandelt hat, oder wenn es abgenutzt ist oder durch Alterung schadensgeneigt wurde. Konstruktions- und Instruktionsfehler haften dem Produkt von Anfang an an, sind also stets im Zeitpunkt des Inverkehrbringens bereits vorhanden.

Der Schadensersatzanspruch richtet sich auf Ersatz der durch die Tötung oder Gesundheitsverletzung eingetretenen Vermögensschäden wie Arztkosten (§ 8 ProdHaftG), den „Vermögensnachteil ..., den der Verletzte dadurch erleidet, daß infolge der Verletzung zeitweise oder dauernd seine Erwerbsfähigkeit aufgehoben oder gemindert ist oder seine

Bedürfnisse vermehrt sind" (§ 8 ProdHaftG), Kosten der Beerdigung (§ 7 Abs. 1 Satz 2 ProdHaftG) und entgangenen Unterhalt unterhaltsberechtigter Familienangehöriger (§ 7 Abs. 2), nicht aber auch auf Schmerzensgeld; hierin liegt ein praktisch relevanter Unterschied zur Haftung nach §§ 823, 847 Abs. 1 BGB.

Bei Schäden, die nicht Personen-, sondern Sachschäden sind, hat nach § 11 ProdHaftG der Geschädigte einen Schaden bis zu einer Höhe von 1125 Deutsche Mark selbst zu tragen. Hier liegt ein unter Umständen praktisch relevanter Unterschied zur deliktrechtlichen Produkthaftung, bei welcher eine solche Selbstbeteiligung nicht vorgesehen ist. Außerdem bestehen die Einschränkungen des § 1 Abs. 1 Satz 2 ProdHaftG.

Bei Personenschäden ist nach § 10 ProdHaftG ein Haftungshöchstbetrag festgelegt. Hier liegt ein unter Umständen praktisch relevanter Unterschied zur deliktrechtlichen Produkthaftung, bei welcher ein Höchstbetrag nicht vorgesehen ist.

Der Anspruch aus dem ProdHaftG verjährt nach § 12 ProdHaftG „in drei Jahren von dem Zeitpunkt an, in dem der Ersatzberechtigte von dem Schaden, dem Fehler und von der Person des Ersatzpflichtigen Kenntnis erlangt oder" – hier besteht ein Unterschied zur Verjährung nach § 852 BGB – „hätte erlangen müssen. Schweben zwischen dem Ersatzpflichtigen und dem Ersatzberechtigten Verhandlungen über den zu leistenden Schadensersatz, so ist die Verjährung gehemmt, bis die Fortsetzung der Verhandlungen verweigert wird." Der Anspruch erlischt nach § 13 Abs. 1 ProdHaftG „zehn Jahre nach dem Zeitpunkt, in dem der Hersteller das Produkt, das den Schaden verursacht hat, in den Verkehr gebracht hat." Hier besteht also ein praktisch unter Umständen relevanter Unterschied zu der 30-Jahre-Verjährung des § 852 BGB.

cc) Die Haftung aus §§ 84ff AMG

Die Haftung aus §§ 84ff AMG wird in diesem Buch auch an anderer Stelle, bei der Erörterung des Arzneimittelrechts (§ 11), dargestellt.

An dieser Stelle sei auf Folgendes hingewiesen: Die arzneimittelrechtliche Haftung besteht neben der aus § 823 BGB. Die Haftung aus § 1 Abs. 1 ProdHaftG ist demgegenüber nach Maßgabe des § 15 ProdHaftG subsidiär gegenüber der des AMG. Bezüglich der Haftungsvoraussetzungen bringt dies sowohl eine Schlechterstellung des Geschädigten als auch eine Besserstellung mit sich:

Zum einen zielt die in § 84 AMG konstituierte Gefährdungshaftung ausschließlich auf den Schutz der körperlichen Integrität; der Bereich des Sachschadens ist ausgenommen, während er in § 1 Abs. 1 ProdHaftG enthalten ist. Gemäß § 84 Nr. 1 AMG ist die Ersatzpflicht des pharmazeutischen Unternehmers davon abhängig, daß das Arzneimittel „bei bestimmungsgemäßem Gebrauch schädliche Wirkungen" entfaltet hat, „die über ein nach den Erkenntnissen der medizinischen Wissenschaft vertretbares Maß hinausgehen und ihre Ursache im Bereich der Entwicklung oder der Herstellung haben". Daraus folgt: Unerhebliche Verletzungen des Körpers oder der Gesundheit des Verbrauchers werden vom Schutzbereich des § 84 Nr. 1 AMG nicht erfaßt, und solche schädlichen Wirkungen führen nicht zur Haftung, welche bei einem anderen als dem bestimmungsgemäßen Gebrauch des Arzneimittels auftreten, während bei §§ 1, 3 ProdHaftG unter Umständen auch eine nicht bestimmungsgemäße Verwendung des Produkts zu einem ersatzpflichtigen Schaden führen kann.

Der pharmazeutische Unternehmer, der ein Arzneimittel in den Verkehr bringt, ist damit in der Lage, sein Haftungsrisiko dadurch zu mindern, daß er die Anwendungsgebiete, die höchstzulässige Dosierung, die Anwendungsweise und eine etwaige maximale Behandlungsdauer eindeutig angibt, insbesondere aber auch auf schädliche Nebenwirkungen ausdrücklich hinweist. Dergleichen ist im Rahmen von § 3 Abs. 1 ProdHaftG nur in beschränktem Umfang entlastend.

Haftungsauslösend nach § 84 AMG ist darüber hinaus nur das „zum Gebrauch beim Menschen" bestimmte Arzneimittel, sofern dieses nach § 21 AMG der Zulassungspflicht unterliegt oder durch Standardzulassung gemäß §§ 36, 53 AMG von der Zulassungspflicht befreit ist. Von der Haftung gemäß § 84 AMG werden also weder Tierarzneimittel noch homöopathische Arzneimittel (noch Produkte wie Verbandstoffe, welche in § 2 Abs. 2 AMG den Arzneimitteln gleichgestellt werden) erfaßt. Insoweit greift nunmehr die verschuldensunabhängige Produkthaftung gemäß § 1 Abs. 1 ProdHaftG ein.

§ 88 Nr. 1 AMG sieht für den Fall der Tötung oder Verletzung eines Menschen eine Haftungshöchstgrenze von 500 000 DM vor. Des weiteren bestimmt § 88 Nr. 2 AMG, daß im Fall der Tötung oder Verletzung mehrerer Menschen „durch das gleiche Arzneimittel" ein maximaler Kapitalbetrag von 200 Millionen DM zur Verfügung steht.

Soweit der Geschädigte sich bei der Herstellerhaftung nach dem AMG schlechter steht als bei der nach dem ProdHaftG, stellt sich die Frage, ob der Gesetzgeber die Vorgaben der EG-Produkthaftungsrichtlinie unzureichend umgesetzt hat; diese Frage wird in der Literatur verneint (*von Westphalen* 1989, 169f).

dd) Konkurrenzen

Auf die Konkurrenzen zwischen der Haftung aus dem Arzneimittelgesetz und den anderen Regelungen wurde bereits eingegangen.

§ 15 Abs. 2 ProdHaftG bestimmt, daß Ersatzansprüche aus anderen Rechtsgründen unberührt bleiben. Ansprüche aus Vertrag, außervertraglicher Haftung, z.B. aus anderen Gefährdungs- oder Verschuldenstatbeständen – insbesondere aus der deliktsrechtlichen Produkthaftung –, können neben den Ansprüchen aus dem ProdHaftG zum Tragen kommen.

b) Die Haftung von Quasi-Herstellern, Händlern und Importeuren

Händler haften, wenn sie bei der Abgabe von Produkten ihre vertraglichen Sorgfaltspflichten gegenüber dem Kunden verletzt haben, diesem aus positiver Vertragsverletzung (§§ 280, 286, 325, 326 BGB analog), wenn dieser durch einen Produktfehler Schäden erlitten hat.

Händler und Importeure haften für Produktrisiken deliktsrechtlich, wenn sie (vorsätzlich oder) fahrlässig in ihrem Verantwortungsbereich liegende Verkehrssicherungspflichten verletzen und dadurch einen Schaden herbeiführen. Dies gilt auch für sogenannte Quasi-Hersteller (BGHZ 40, 108; 51, 91), das sind Händler, welche den Eindruck erwekken, Hersteller zu sein (*Palandt-Thomas* § 4 ProdHaftG Rz. 6).

Quasi-Hersteller haften im Rahmen des Produkthaftungsgesetzes nach § 4 Abs. 1 Satz 2.

Das gleiche gilt, soweit der Geschädigte Ansprüche gegenüber dem EG-Importeur geltend machen will, weil dieser gemäß § 4 Abs. 2 ProdHaftG verschuldensunabhängig haftet.

Schließlich gilt das Gleiche, wenn – etwa wegen eines Schadens bei der Benutzung anonymer Produkte – Ansprüche gegenüber dem Lieferanten gemäß § 4 Abs. 3 ProdHaftG verfolgt werden. Danach gilt: „Kann der Hersteller des Produkts nicht festgestellt werden, so gilt jeder Lieferant als dessen Hersteller, es sei denn, daß er dem Geschädigten innerhalb eines Monats, nachdem ihm dessen diesbezügliche Aufforderung zugegangen ist, den Hersteller oder diejenige Person benennt, die ihm das Produkt geliefert hat."

c) Gerichtsstand

Für Produkthaftungsansprüche gilt die Gerichtsstandsregelung des § 32 ZPO, wonach das Gericht des Ortes zuständig ist, an dem der Schaden eingetreten ist (vgl. BGH NJW 1990, 1533, betreffend den Gerichtsstand für die Klage einer Krankenkasse gegen einen Arzneimittelhersteller aus gemäß § 116 SGB X auf sie übergegangenen Anspruch).

2. Gerätesicherheit im Verwaltungsrecht

Das Gerätesicherheitsgesetz regelt zum einen den gesundheitlichen Arbeitsschutz; sein Vorläufer, das Maschinenschutzgesetz (BGBl. I 1968 S. 717), beschränkte sich auf diesen Bereich. Zum anderen ist es zunehmend für den gesundheitlichen Verbraucherschutz relevant geworden.

Das Gesetz gilt zwar nach seinem § 1 Abs. 1 für das Inverkehrbringen und Ausstellen technischer Arbeitsmittel (wenn es gewerbsmäßig oder selbständig im Rahmen einer wirtschaftlichen Unternehmung erfolgt). Aber „technische Arbeitsmittel im Sinne dieses Gesetzes sind" nicht nur nach § 2 Abs. 1 des Gerätesicherheitsgesetzes „verwendungsfertige Arbeitseinrichtungen, vor allem Werkzeuge, Arbeitsgeräte, Arbeits- und Kraftmaschinen, Hebe- und Fördereinrichtungen sowie Beförderungsmittel." Nach § 1 Abs. 2 stehen diesen Arbeitseinrichtungen gleich:

„2. Einrichtungen, die zum Beleuchten, Beheizen, Kühlen sowie zum Be- oder Entlüften bestimmt sind;

3. Haushaltsgeräte;

4. Sport-, Freizeit- und Bastelgeräte sowie Spielzeug."

Somit wird eine Vielzahl von Produkten, welche vielfach von End- oder Letztverbrauchern verwendet werden, von den Regelungen des Gerätesicherheitsgesetzes erfaßt.

Sie dürfen nach § 3 Abs. 1 des Gerätesicherheitsgesetzes „nur in den Verkehr gebracht werden, wenn sie den in den Rechtsverordnungen nach diesem Gesetz enthaltenen sicherheitstechnischen Anforderungen und sonstigen Voraussetzungen für ihr Inverkehrbringen entsprechen und Leben oder Gesundheit oder sonstige in den Rechtsverordnungen aufgeführte Rechtsgüter der Benutzer oder Dritter bei bestimmungsgemäßer Verwendung nicht gefährdet werden. Technische Arbeitsmittel, für die in Rechtsverordnungen nach diesem Gesetz keine Anforderungen enthalten sind, dürfen nur in den Verkehr gebracht werden, wenn sie nach den allgemein anerkannten Regeln der Technik ... so beschaffen sind, daß Benutzer oder Dritte bei ihrer bestimmungsgemäßen Verwendung gegen Gefahren aller Art für Leben oder Gesundheit soweit geschützt sind, wie es die Art der bestimmungsgemäßen Verwendung gestattet. Von den allgemein anerkannten Regeln der Technik ... darf abgewichen werden, soweit die gleiche Sicherheit auf andere Weise gewährleistet ist."

Die allgemein anerkannten Regeln der Technik sind solche, die in den Kreisen der betreffenden Techniker bekannt und als richtig anerkannt sind (*von Westphalen* 1989, S. 320f).

Wenn von einem vom Anwendungsbereich des Gerätesicherheitsgesetzes erfaßten Produkt „bei bestimmungsgemäßer Verwendung eine Gefahr für Leben oder Gesundheit der Benutzer oder Dritter" droht, trifft nach § 5 Abs. 1 des Gesetzes die zuständige Behörde „alle erforderlichen Maßnahmen, um das Inverkehrbringen oder die Inbetriebnahme ... zu verhindern oder zu beschränken oder es aus dem Verkehr zu ziehen." Sie kann nach § 6 Abs. 1 Gerätesicherheitsgesetz das Inverkehrbringen untersagen, einen Rückruf anordnen oder die Geräte sicherstellen. „Eine hoheitliche Warnung der Öffentlichkeit ist zulässig, wenn bei Gefahr im Verzug andere ebenso wirksame Maßnahmen nicht getroffen werden können."

Im übrigen ist auch die Vergabe des Zeichens „GS – geprüfte Sicherheit" im Gerätesicherheitsgesetz geregelt (§ 3 Abs. 4).

Verstöße gegen das Gesetz stellen nach Maßgabe der §§ 16f des Gerätesicherheitsgesetzes Ordnungswidrigkeiten oder Straftaten dar.

3. Strafrecht

Die §§ 222, 230 des Strafgesetzbuches stellen die fahrlässige Tötung bzw. die fahrlässige Körperverletzung unter Strafe.

Diese Straftatbestände können verwirklicht sein, wenn durch den Gebrauch oder Verbrauch eines riskanten Produkts Verbraucher zu Tode kommen bzw. an ihrer Gesundheit verletzt werden.

Als Täter kommt jeder in Betracht, der im Herstellerbetrieb die Verantwortung dafür trägt, daß das schädigende Produkt in den Verkehr gebracht wurde zu einem Zeitpunkt oder unter Begleitumständen, wenn ein verantwortungsvoller Hersteller durch geeignete Maßnahmen (Vertriebs-Stopp, Rückruf, Information der Verbraucher, Warnhinweise, usw.) das Eintreten der Schädigung verhindert hätte.

Wenn der Täter die Tötung oder Körperverletzung nicht nur fahrlässig begeht, sondern die Schädigungen billigend in Kauf nimmt und daher bedingt vorsätzlich handelt (BGHSt 7, 363), kommen die Straftatbestände der §§ 223, 223a, 239 und 212 StGB in Betracht, in Fällen der Schädigung der Leibesfrucht auch § 218 StGB.

Um die strafrechtliche Produktverantwortung ging es beispielsweise im Contergan-Prozeß vor dem Landgericht Aachen (JZ 1971, 507–521). Manager eines pharmzeutischen Unternehmens, welches ein Arzneimittel mit katastrophalen Nebenwirkungen in den Verkehr gebracht hatten – übrigens zu einer Zeit, zu der die verwaltungs-, haftungs- und strafrechtlichen Regelungen des heutigen Arzneimittelgesetzes (s. § 11) noch nicht bestanden, sondern unter anderem wohl durch die Beschluß-Begründung des Gerichts rechtspolitisch vorbereitet wurden –, hatten sich vor dem Strafgericht zu verantworten, welches das Verfahren einstellte.

Zwar wurde ihnen strafrechtlich vorwerfbares Verhalten nach §§ 222 und 230 StGB zur Last gelegt (obwohl das Gericht davon ausgeht, auch bei gewissenhafter Prüfung der Wirkungen und Nebenwirkungen des Arzneimittels Contergan vor dem Inverkehrbringen wären die schwerwiegenden Nebenwirkungen nicht erkennbar gewesen, aaO. S. 514), weil sie, auch nachdem der Verdacht der schädlichen Wirkungen des Arzneimittels bekanntgeworden war, keine Maßnahmen zur Verhinderung weiterer schwerwiegender Schädigungen ergriffen hatten. Aber der Schuldvorwurf wog nach Auffassung des Gerichts, welches auch berücksichtigte, daß während des langwierigen Prozesses für eine gewisse Entschädigung der Geschädigten auch aus Mitteln der Herstellerfirma gesorgt worden war, nicht so schwer, daß eine Verurteilung geboten erschien (aaO. S. 520).

In neuerer Zeit sind zwei Strafverfahren gegen Manager wegen Gesundheitsschäden durch Produktfehler bekannt geworden: Im einen Fall ging es um gesundheitsschädliche Lederpflegemittel (BGH NJW 1990,

2560–2569), im anderen Fall – in einer noch nicht rechtskräftigen Entscheidung des OLG Frankfurt – um die Verurteilung wegen des Unterlassens zumutbarer Vorkehrungen gegen Gesundheitsschäden durch den Gebrauch von Holzschutzmitteln (vgl. die erstinstanzliche Entscheidung LG Frankfurt NStZ 1990, 592). Hiernach gilt: „Wer als Hersteller oder Vertriebshändler Produkte in den Verkehr bringt, die derart beschaffen sind, daß deren bestimmungsgemäße Verwendung für die Verbraucher – entgegen ihren berechtigten Erwartungen – die Gefahr des Eintritts gesundheitlicher Schäden begründet, ist zur Schadensabwendung verpflichtet (Garantenstellung aus vorangegangenem Gefährdungsverhalten). Kommt er dieser Pflicht schuldhaft nicht nach, so haftet er für dadurch verursachte Schäden strafrechtlich unter dem Gesichtspunkt der durch Unterlassen begangenen Körperverletzung. Aus der Garantenstellung des Herstellers oder Vertriebshändlers ergibt sich die Verpflichtung zum Rückruf bereits in den Handel gelangter, gesundheitsgefährdender Produkte. Haben in einer GmbH mehrere Geschäftsführer gemeinsam über die Anordnung des Rückrufs zu entscheiden, so ist jeder Geschäftsführer verpflichtet, alles ihm Mögliche und Zumutbare zu tun, um diese Entscheidung herbeizuführen. Beschließen die Geschäftsführer einer GmbH einstimmig, den gebotenen Rückruf zu unterlassen, so haften sie für die Schadensfolgen der Unterlassung als Mittäter. Jeder Geschäftsführer, der es trotz seiner Mitwirkungskompetenz unterläßt, seinen Beitrag zum Zustandekommen der gebotenen Rückrufentscheidung zu leisten, setzt damit eine Ursache für das Unterbleiben der Maßnahme. Dies begründet seine strafrechtliche Haftung auch dann, wenn er mit seinem Verlangen, die Rückrufentscheidung zu treffen, am Widerstand der anderen Geschäftsführer gescheitert wäre.“ (BGH NJW 1990, 2560) Erwähnenswert erscheint aus der Begründung des BGH noch, daß eine Verurteilung nicht etwa daran scheitern konnte, daß möglicherweise auch eine bestimmte Disposition oder Gewohnheit der geschädigten Verbraucher (Allergiker, Raucher) für die Schadensfolgen maßgebend war; denn „die Verantwortlichkeit der Angekl. bliebe angesichts des nicht unbeträchtlichen Anteils von Allergikern und Rauchern an der Gesamtheit der Bevölkerung jedenfalls dem Grunde nach unberührt: Das jeweilige Produkt muß, falls solche Gruppen nicht ausdrücklich vor seiner Verwendung gewarnt werden, in der Regel so beschaffen sein, daß es auch von ihnen ohne gesundheitliche Beeinträchtigungen bestimmungsgemäß benutzt werden kann.“ (aaO. S. 2562) Die objektive Pflichtwidrigkeit des gefahrbegründenden Vorverhaltens der Angeklagten folgert der BGH (aaO. S. 2563) auch aus gesetzlichen Bestimmungen, weil die Angeklagten Vorschriften des Lebensmittel- und Bedarfsgegenständegesetzes (LMBG) vom 15. 8. 1974 (BGBl I 1945, 1946) zuwidergehandelt hatten: Nach § 30 Nr. 2 LMBG ist es verboten, „Gegenstände oder Mittel, die bei bestimmungsgemäßem oder vorauszusehendem Gebrauch geeignet sind, die Gesundheit durch ihre stoffliche Zusammensetzung ... zu schädigen, als Bedarfsgegenstände in den Verkehr zu bringen."

Täter ist derjenige, der im Unternehmen die Verantwortung dafür trägt, daß das Produkt trotz der Risiken, die Körperverletzung oder den Tod der das Produkt verwendenden Verbraucher herbeizuführen, in den Verkehr gebracht wurde. Wenn die innerbetriebliche Organisation nicht hinreichend klar ist, um die Verantwortung bestimmten Personen zuzuordnen, so stellt dies ein Organisationsverschulden der Geschäftsleitung dar, welches dazu führt, daß dem obersten Management die Körperverletzung oder Tötung strafrechtlich zur Last gelegt wird (*Goll* 1989, S. 627f).

§ 5. Dienstleistungen

Fall: Patient P unterzieht sich auf Anraten von Arzt A einer Operation. A hatte P gegenüber die Operation als fast risikolos bezeichnet; demgegenüber besteht laut Fachliteratur ein nicht unerhebliches Komplikationsrisiko mit schwerwiegenden Folgen. Diese Folgen treten auch bei P auf. P verlangt von A Schmerzensgeld.

Gegenstand dieses Paragraphen

Die Haftung bei Dienstleistungen gleicht im Wesentlichen der Produkthaftung (§ 4 Abschnitt 1.). Für vertragliche Sorgfaltspflichtverletzungen, die zu Schäden beim Vertragspartner führen, haftet der Dienstleistende ebenso wie derjenige, der Produkte verkauft. Auch die deliktsrechtliche Haftung aus §§ 823 ff BGB ist die gleiche.

Spezialgesetzliche Regelungen wie das Produkthaftungsgesetz und das Arzneimittelgesetz gibt es für dienstvertragliche Leistungsstörungen nicht. Die Kommission der Europäischen Gemeinschaften hat den Vorschlag einer Richtlinie über die Haftung bei Dienstleistungen vorgelegt (EG-ABl. Reihe C Nr. 12/8 vom 18. 1. 1991), welcher aber noch nicht vom Rat verabschiedet wurde und dessen Inhalt umstritten ist (vgl. *Deutsch* 1990, S. 454). Die nach Umsetzung einer solchen Richtlinie in das deutsche Recht eintretenden Veränderungen sind daher noch nicht abzusehen.

Rechtsquellen

Rechtliche Regelungen über Dienstleistungen befinden sich im BGB und in Spezialgesetzen (insbesondere im Fernunterrichtsschutzgesetz).

1. Medizinische Dienstleistungen

Literatur: *Geiß* 1989

Welche Rechtsgrundlage das Verhältnis zwischen Patienten und Ärzten oder medizinischen Einrichtungen bestimmt, ist von folgendem abhängig:

- Kassen-Patienten und solche, die Krankenhilfe nach dem Sozialhilferecht oder nach dem Bundesversorgungsgesetz erhalten, erhalten die medizinische Behandlung aufgrund sozialrechtlicher Beziehungen.

– Privatpatienten erhalten die Behandlung aufgrund eines zwischen ihnen und dem Arzt bzw. Krankenhaus abgeschlossenen Vertrags (das ist jedenfalls die tpyische Konstellation; bei einer Notfall-Behandlung eines Bewußtlosen kommen auch andere rechtliche Verknüpfungen wie die Geschäftsführung ohne Auftrag in Betracht).

Der Behandlungsvertrag mit dem Arzt ist typischerweise ein Dienstvertrag (§ 611 BGB), kein Werkvertrag (§ 631 BGB); beim Krankenhaus kommen wegen der Beherbergung noch andere Vertrags-Elemente hinzu.

In besonderen Fällen kann ein Vertrag über ärztliche Leistungen auch ein Werkvertrag sein: Verpflichtet sich beispielsweise ein Röntgenfacharzt, für einen anderen Arzt Röntgenaufnahmen anzufertigen und sie diesem zur Auswertung zu überlassen, so handelt es sich nach Auffassung des OLG Düsseldorf (MDR 1985, 1028) um einen Werkvertrag, weil die gegenständlich faßbare Leistung im Vordergrund steht und für den Erfolg weitgehend nicht Faktoren ausschlaggebend sind, die der die Heilbehandlung ausübende Arzt nur beschränkt beeinflussen kann, wie etwa die physische und psychische Konstitution des Patienten.

Beim Dienstvertrag schuldet der Arzt, sich nach den Regeln der ärztlichen Kunst und Wissenschaft um die Heilung zu bemühen. Beim Werkvertrag schuldet er ein bestimmtes Behandlungsergebnis, einen – vereinbarten – Behandlungserfolg. Zu letzterem wird er sich wegen der Unwägbarkeiten ärztlichen Tuns und Erfolgs kaum verpflichten.

Auch wenn kein Behandlungsvertrag geschlossen wird, ist der Arzt zur Sorgfalt nach bürgerlichem Vertragsrecht verpflichtet, vgl. § 76 Abs. 4 SGB V.

Es gibt auch Behandlungen ohne oder gegen den Willen des Patienten, nämlich nach landesrechtlichen Regelungen („Unterbringungsgesetz", „Gesetz für psychisch Kranke" oder ähnlich).

Es kann strittig werden, ob, wenn eine behandlungsbedürftige psychisch kranke Person sich mit der Einweisung in ein Psychiatrisches Landeskrankenhaus einverstanden erklärt, dies die Verpflichtung zur Folge hat, daß sie die Kosten zu tragen hat. Nach VGH Mannheim NJW 1991, 2985 und 2986, ist dies nicht der Fall.

Zu den traditionellen Pflichten des Arztes gehört es, Verschwiegenheit zu wahren über die Informationen, die ihm bei der Berufsausübung zugänglich werden. Die ärztliche Schweigepflicht ist in den Berufsordnungen der Ärztekammern und im Strafgesetzbuch (§ 203 Abs. 1 StGB) rechtlich verankert.

Das in der Verfassung (Art. 2, 1 GG) verankerte Persönlichkeits- und das Selbstbestimmungsrecht der Patienten haben die rechtliche Konsequenz, daß jeder ärztliche Eingriff in die körperliche oder seelische Unversehrtheit des Patienten eine rechtswidrige Handlung ist, wenn es keinen Rechtfertigungsgrund gibt. Er stellt dann also regelmäßig eine strafbare Handlung (§§ 223ff StGB) und eine haftungsauslösende unerlaubte

Handlung (§§ 823ff BGB) dar (BGHZ 29, 36). (Es wird auch vertreten – vgl. BGHSt 23, 1 –, daß das Einverständnis des Patienten die rechtliche Konsequenz hat, daß schon der Tatbestand der §§ 223ff StGB nicht erfüllt ist, daß also die rechtliche „Entlastung" des Arztes nicht erst bei der sachlogisch nachgeordneten Prüfung der Rechtswidrigkeit erfolgt.)

Der wichtigste Rechtfertigungsgrund für einen ärztlichen Eingriff ist die Einwilligung des Patienten. Diese muß aber, um wirksam zu sein, eine informierte Einwilligung sein: Der Patient muß (abgesehen von dem Fall, daß er bewußt auf Information verzichtend sich dem Arzt unbedingt anvertraut) wissen, worin er einwilligt, und ob er das Risiko des Heileingriffs, abgewogen gegen das Risiko der Krankheit oder alternativer Behandlungen, tragen möchte oder nicht.

Dies hat eine haftungsrechtlich relevante Aufklärungspflicht des Arztes zur Folge: Nimmt der Arzt ohne die Informierung des Patienten den Heileingriff vor, ist dieser rechtswidrig mit der Folge, daß für jeden durch ihn verursachten Schaden gehaftet wird.

Es bedarf also nicht notwendigerweise eines Behandlungsfehlers, eines sogenannten „Kunstfehlers", um die Arzthaftung auszulösen.

Bei der stationären Behandlung ist für die vertragliche Haftung wesentlich, daß in der Regel der Krankenhausträger Vertragspartner ist (*Geiß* 1989, 23).

Der Krankenhausträger kann auch nach den Grundsätzen der Produkthaftung haften: Im vom OLG Hamburg, NJW 1990, 2322 entschiedenen Fall war davon auszugehen, daß der HIV der Ehefrau des Klägers durch die ihr im beklagten Krankenhaus transfundierte Blutkonserve übertragen worden ist und daß der Kläger seinerseits sich bei seiner Ehefrau mit dem HIV infiziert hat. Für die damit erwiesene mittelbare Verursachung der Körperverletzung, die in der Infektion des Klägers mit dem HIV als dem Erreger der tödlichen Aids-Krankheit zu erblicken ist, ist dem OLG zufolge das Krankenhaus verantwortlich, und zwar nach den Grundsätzen der Produkthaftung.

Wenn Ärzte nicht therapieren, sondern begutachtend tätig sind, für private Versicherungsunternehmen, für Sozialversicherungsträger oder für andere Stellen, dann können sich Haftungsansprüche auch aus unzutreffenden oder verspäteten Gutachten ergeben.

Nach den Regelungen des ärztlichen Standesrechts und nach der Rechtsprechung des **Bundesgerichtshofs** hat der Patient ein Recht auf Einsicht in die ihn betreffende ärztliche Dokumentation (*Deutsch* 1991, S. 143).

Auch im Medizinbetrieb sind im übrigen allgemeine Geschäftsbedingungen verwendet worden, die einer Kontrolle nach dem AGBG nicht standhielten; hier seien nur folgende Beispiele angeführt:

– Privat abrechnende Ärzte können nicht in Allgemeinen Geschäftsbedingungen wirksam eine Vergütung vereinbaren, welche über die Regelungen der amtlichen Gebührenordnung hinausgeht (LG München NJW 1982, 2130).

- „Wird ... in vorformulierten Vertragsbedingungen ein sog. gespaltener Krankenhausvertrag vereinbart, so muß dem Patienten – etwa durch Hinweis in dem von ihm unterzeichneten Vertragstext – verdeutlicht werden, daß der Krankenhausträger nicht Schuldner der ärztlichen Leistungen ist und ihm auch für etwaige ärztliche Fehlleistungen nicht haftet“ (BGH NJW 1993, 779).
- In allgemeinen Geschäftsbedingungen in einem Chefarzt-Vertrag kann nicht wirksam vereinbart werden, daß auch ein anderer Arzt mit der Durchführung der Leistung beauftragt werden kann (LG Fulda NJW 1988, 1519).

Die Ärztekammern haben Gutachter- und Schlichtungsstellen eingerichtet, welche bei Konflikten mit Ärzten angerufen werden können (*Deutsch* 1991, S. 143, 146). Dies kann Vorteile haben: Die betroffenen Ärzte werden sich in der Regel in einem Verfahren vor der Gutachter- oder Schlichtungsstelle zur Sache einlassen und unter Umständen ihren dort tätigen ärztlichen Kollegen Informationen preisgeben, an welche der nur auf sich gestellte Patient nicht ohne weiteres gelangen kann; die Haftpflicht-Versicherer der Ärzte akzeptieren in der Regel die Sprüche der Gutachter- und Schlichtungsstellen; und das Verfahren ist nicht mit dem Kostenrisiko behaftet, welches bei einer gerichtlichen Auseinandersetzung entsteht.

In komplizierten Fällen, in denen der Ausgang eines Verfahrens vor der Gutachter- oder Schlichtungsstelle sehr offen erscheint, kann sich aber in einem späteren gerichtlichen Verfahren, welches ja durch das Gutachter- oder Schlichtungs-Verfahren nicht ersetzt wird, als nachteilig erweisen, daß Zeitverzögerungen und Beweiserschwernisse eingetreten sind.

Nach der Rechtsprechung des **Bundesgerichtshofs** besteht eine Beweislastumkehr für den Fall, daß ein schwerer Behandlungsfehler des Arztes erwiesen ist, aber dessen Ursache nicht feststeht. Es ist dann Sache des Arztes nachzuweisen, daß er den Fehler nicht zu verantworten hat oder daß der Schaden auch ohne den Fehler eingetreten wäre (vgl. *Deutsch* 1991, S. 145, mit Beispielen).

2. Partnervermittlung

Literatur: *Compensis/Reiserer* 1991

Bei Angeboten der Partnervermittlung handelt es sich in der Regel, insbesondere wenn es sich nicht um Angebote der Heiratsvermittlung (§ 656 BGB) handelt, um Dienstleistungsangebote (*Compensis/Reiserer* 1991, S. 2457). Bei dieser Art Dienstleistung, welche vielfach erhebliche finanzielle Verpflichtungen für die Kunden zur Folge hat (*Compensis/Reiserer* 1991, S. 2457 nennen Durchschnittsbeträge von 4000 bis 6000 DM), werden in neuerer Zeit die folgenden Rechtsfragen erörtert:

Naheliegend ist es, § 656 Abs. 1 Satz 1 BGB für diese Verträge analog anzuwenden (BGH NJW 1990, 2550; BVerfG NJW 1993, 1125; *Compensis/Reiserer* 1991, S. 2457). Das Diskretionsbedürfnis, die Angelegenheiten der Kunden nicht in einem gerichtlichen Prozeß öffentlich auszubreiten, besteht in gleicher Weise. Es ist daher davon auszugehen, daß die Partnervermittlungsinstitute ihre Vergütung nicht gerichtlich einklagen können.

Da die Kunden der Partnervermittler oft nicht in der Lage sind, die Vergütung bar zu zahlen, kommt es hier häufig (*Compensis/Reiserer* 1991, S. 2457 nennen eine Häfigkeitsquote von 80 bis 90 Prozent) zu Finanzierungen über Kreditinstitute. Dies führt zur analogen Anwendung des § 9 VerbrKrG (s. § 7 Abschnitt 1.), also zum Widerrufsrecht des Kunden und zum Einwendungsdurchgriff gegenüber dem Inhaber der Darlehensforderung.

3. Fernunterricht

Im Fernunterrichtsschutzgesetz (FernUSG) wurde der Vertrags-Typ Fernunterrichtsvertrag geregelt (§ 1 FernUSG) und mit halbzwingenden (§ 10 FernUSG) verbraucherschützenden Vorschriften versehen. Das Gesetz enthält auch verwaltungsrechtliche Regelungen (§§ 12ff FernUSG) sowie eine Gerichtsstandsregelung, wonach der allgemeine Gerichtsstand des Teilnehmers als ausschließlicher Gerichtsstand festgelegt wird (§ 26 FernUSG).

„Fernunterricht ... ist die auf vertraglicher Grundlage erfolgende", in der Regel „entgeltliche Vermittlung von Kenntnissen und Fähigkeiten, bei der

1. der Lehrende und der Lernende ausschließlich oder überwiegend räumlich getrennt sind und
2. der Lehrende oder sein Beauftragter den Lernerfolg

überwachen" (§ 1 FernUSG). Rechte und Pflichten der Vertragschließenden sind in § 2 FernUSG geregelt. § 3 FernUSG schreibt schriftliche Form und Mindestinhalte der Vertragsurkunde vor.

Nach § 4 FernUSG hat der Teilnehmer ein Widerrufsrecht: er ist „an die auf den Vertragsschluß gerichtete Willenserklärung nicht gebunden, wenn er sie dem Veranstalter gegenüber innerhalb von zwei Wochen nach Eingang der ersten Lieferung des schriftlichen oder audiovisuellen Fernlehrmaterials schriftlich widerruft" (§ 4 Abs. 1 FernUSG). Über das Widerrufsrecht ist der Teilnehmer vom Veranstalter zu informieren (§ 3 Abs. 2 Nr. 5 FernUSG).

Besondere Kündigungsregelungen, welche dem Teilnehmer unabdingbar (§ 10 FernUSG) eine vorzeitige Lösung vom Fernunterrichtsvertragsverhältnis ermöglichen, enthält § 5 FernUSG.

„Fernlehrgänge bedürfen der Zulassung" nach § 12 Abs. 1 Satz 1 FernUSG. Wenn jemand ohne Zulassung Fernlehrgänge anbietet, stellt dies nach § 21 FernUSG eine Ordnungwidrigkeit dar, und die abgeschlossenen Verträge sind nichtig nach § 7 FernUSG. Eine zentrale Zulassungs- und Überwachungsbehörde wurde mit Sitz in Köln eingerichtet.

§ 6. Mieterschutz

Fall: V, eine 80jährige Frau, hat an M eine Wohnung vermietet, welche über ihrer eigenen Wohnung gelegen ist. V's Sohn wohnt in der angrenzenden Doppelhaushälfte desselben Gebäudes. V kündigt das Mietverhältnis mit M mit folgender Begründung: Sie sei aufgrund ihres Gesundheitszustandes nicht mehr in der Lage, ihren Haushalt allein zu versorgen, und sei darauf angewiesen, ihren Sohn in nächster Nähe zu haben, damit dieser ihr helfen und sie pflegen könne. Daher benötige sie M's Wohnung als Wohnung für ihren Sohn. (BVerfG Wohnungswirtschaft und Mietrecht 1993, 377ff)

Literatur: *Köhler* 1988

Gegenstand dieses Paragraphen

In diesem Kapitel werden die Grundzüge des Wohnungs-Mietrechts und des Mieterschutzes dargestellt.

Rechtsquellen

Wohnungsmiete ist – als Unterfall der Miete – im Bürgerlichen Gesetzbuch (BGB) geregelt. Besondere Regelungen, welche hier nicht weiter erörtert werden, gelten für öffentlich geförderten Wohnraum. Die Regelungen des Mietvertrags im BGB werden ergänzt durch das Gesetz zur Regelung der Miethöhe. Für die Rechtsbeziehungen zwischen Vermietern und Mietern spielen wegen der häufigen Verwendung von Muster-Verträgen auch die Regelungen der Inhaltskontrolle Allgemeiner Geschäftsbedingungen nach dem AGBG eine Rolle (s. dazu allgemein § 1 Abschnitt 4.).

Mustermietverträge sind auch kartellrechtlich relevant; das Kammergericht hat den Vertrieb eines Mustermietvertrags als eine Umgehung des Kartellverbots durch gleichförmiges Verhalten und damit als Verstoß gegen § 38 Abs. 1 Nr. 11 GWB angesehen und eine Verbotsverfügung des Bundeskartellamts bestätigt (KG NJW-RR 1992, 878; im Revisionsverfahren vor dem Bundesgerichtshof wurde die Verfügung des Bundeskartellamts inzwischen aber aufgehoben).

Zum Mieterschutz gibt es auch besondere Regelungen des Verfahrens- und des Vollstreckungsrechts in der Zivilprozeßordnung (ZPO).

1. Eingeschränktes Kündigungsrecht des Vermieters

Nach § 564b BGB kann – bei bestimmten Ausnahmen – der Vermieter ein Mietverhältnis über Wohnraum nur kündigen, wenn er ein berechtigtes Interesse an der Beendigung des Mietverhältnisses hat. Abs. 2 zählt die wichtigsten Kündigungsgründe auf. Besondere Bedeutung hat die Eigenbedarfskündigung erhalten. Die Kündigung ist berechtigt, wenn der Vermieter die Räume als Wohnung für sich, die zu seinem Hausstand gehörenden Personen oder seine Familienangehörigen benötigt.

Nach der höchstrichterlichen Rechtsprechung ist im Streitfall zu überprüfen, ob das vom Vermieter geltend gemachte Selbstnutzungsinteresse vernünftig und nachvollziehbar ist (BVerfG NJW 1989, 3007–3008).

Umfassende Umbau- und Renovierungsarbeiten einer Wohnung, welche der Vermieter durchführen lassen will, begründen kein berechtigtes Interesse des Vermieters an der Kündigung des Mietverhältnisses; er muß diese Maßnahmen unter Aufrechterhaltung des Mietverhältnisses erforderlichenfalls im Wege der Duldungsklage nach § 541a BGB erzwingen (AG Mannheim ZMR 1987, 182).

2. Mieterhöhungs-Regelungen

Unbegründet ist eine Kündigung, wie sich aus § 564b Abs. 2 Nr. 3 BGB schließen läßt, mit dem Ziel, das Mietverhältnis mit einem höheren Mietzins fortzusetzen. Vielmehr gilt hier das Gesetz zur Regelung der Miethöhe (MHG). Das MHG gilt nicht für preisgebundenen Wohnraum und für Wohnraum im Sinne von § 556a Abs. 8 BGB sowie für Studentenwohnheime. Für preisgebundenen Wohnraum gilt die Kostenmiete im Sinne von § 8 WohnBG. Beide Mietpreissysteme unterscheiden sich sowohl im Anknüpfungspunkt als auch im Anwendungsverfahren. (*Köhler* 1988, S. 443) Während nach dem Grundsatz des § 2 MHG für frei finanzierten Wohnraum die ortsübliche Vergleichsmiete die Höchstmiete darstellt, aber solche Bindung für bestehende Mietverhältnisse, nicht für neu zu begründende, gilt, stellt für preisgebundenen Wohnraum, unabhängig davon, was vergleichbare Sozialwohnungen gerade kosten, die Kostenmiete die obere Grenze dar, und zwar sowohl für bestehende als auch für neu zu begründende Mietverhältnisse. Da die Baukosten somit unmittelbar auf die Höhe der Mieten bei Sozialwohnungen durchschlagen, kann es geschehen, daß die vergleichbaren Sozialwohnungen teurer sind als frei finanzierter Wohnraum.

Das Gesetz zur Regelung der Miethöhe schließt in § 1 MHG die Kündigung eines Mietverhältnisses über Wohnraum zum Zweck der Mieterhöhung aus.

Der Vermieter kann gemäß § 2 MHG die Zustimmung des Mieters zur Erhöhung des Mietzinses verlangen, wenn der Mietzins seit einem Jahr unverändert war, wenn die ortsübliche Miete nicht überschritten wird und wenn sich der Mietzins innerhalb von vier Jahren um nicht mehr als 30 vom Hundert oder – unter gewissen Voraussetzungen – nicht mehr als 20 vom Hundert erhöht.

Weitere Erhöhungsgründe sind bauliche Änderungen (§ 3 MHG), Erhöhung der Betriebskosten nach § 4 MHG, wobei andererseits bei Ermäßigung der Betriebskosten der Mietzins herabzusetzen ist, und Erhöhung der Kapitalkosten nach § 5 MHG, wobei auch hier bei Ermäßigung der Mietzins herabzusetzen ist.

Abweichende Vereinbarungen zum Nachteil des Mieters sind gemäß § 10 MHG unwirksam.

3. Allgemeine Geschäftsbedingungen in Mietverträgen

Vorformulierte Wohnungs-Mietverträge unterliegen der Inhaltskontrolle nach Maßgabe des AGBG. Beispielsweise hat der BGH (NJW 1989, 2247–2250) zur Überbürdung von Kleinreparaturen auf den Mieter durch AGB für Recht erkannt:

„Eine Klausel in einem Formularmietvertrag über Wohnraum, wonach der Mieter die Kosten von Kleinreparaturen (Reparaturen bis zu 100 DM) ohne Rücksicht auf ein Verschulden zu tragen hat, benachteiligt den Mieter unangemessen, wenn sie keinen Höchstbetrag für den Fall enthält, daß innerhalb eines bestimmten Zeitraums mehrere Kleinreparaturen anfallen und wenn sie auch solche Teile der Mietsache umfaßt, die nicht dem häufigen Zugriff des Mieters ausgesetzt sind."

Eine Fülle von Klauseln in Mustermietverträgen erklärt das OLG Frankfurt in einer – nicht rechtskräftigen – Entscheidung (NJW-RR 1992, 369) für unwirksam, darunter Klauseln betreffend

- das generelle Verbot der Haustierhaltung für den Mieter (aaO. S. 399),
- die Pflicht des Vermieters, in der Heizperiode nur in der Zeit von 9 bis 22 Uhr für eine Raumtemperatur von nur mindestens 20 Grad Celsius zu sorgen (aaO. S. 397), und
- die Verpflichtung des Mieters, bei Beendigung des Mietverhältnisses Dübeleinsätze zu entfernen, Löcher ordnungsgemäß und unkenntlich zu verschließen, etwa durchbohrte Kacheln durch gleichartige zu ersetzen (aaO. S. 399).

4. Vollstreckungsschutz

„Wird auf Räumung von Wohnraum erkannt, so kann das Gericht auf Antrag oder von Amts wegen dem Schuldner eine den Umständen nach angemessene Räumungsfrist gewähren.... Die Räumungsfrist kann auf Antrag verlängert oder verkürzt werden.... Über Anträge... entscheidet das Gericht in erster Instanz, solange die Sache in der Berufungsinstanz anhängig ist, das Berufungsgericht.... Die Räumungsfrist darf nicht mehr als ein Jahr betragen." (§ 721 ZPO)

Entsprechende Regelungen enthält die Zivilprozeßordnung für den Fall, daß die Räumung nicht in einem Urteil festgelegt, sondern in einem gerichtlichen Vergleich vereinbart wurde (§ 794a ZPO).

(Eine weitere zivilprozessuale Besonderheit zum Mietrecht stellen im übrigen die Rechtsentscheide gemäß § 541 ZPO dar.)

5. Regelungen außerhalb des Zivilrechts

Nach § 5 des Wirtschaftsstrafgesetzes 1954 (WiStG) ist es eine Ordnungswidrigkeit, vorsätzlich oder leichtfertig für die Vermietung von Räumen zum Wohnen oder damit verbundene Nebenleistungen unangemessen hohe Entgelte zu fordern, sich versprechen zu lassen oder anzunehmen. „Unangemessen hoch sind Entgelte, die infolge der Ausnutzung eines geringen Angebots an vergleichbaren Räumen die üblichen Entgelte um mehr als 20 vom Hundert übersteigen, die in der Gemeinde oder in vergleichbaren Gemeinden für die Vermietung von Räumen vergleichbarer Art, Größe, Ausstattung, Beschaffenheit und Lage oder damit verbundene Nebenleistungen in den letzten drei Jahren vereinbart oder, von Erhöhungen der Betriebskosten abgesehen, geändert worden sind. Nicht unangemessen hoch sind Entgelte, die zur Deckung der laufenden Aufwendungen des Vermieters erforderlich sind, sofern sie unter Zugrundelegung der... maßgeblichen Entgelte nicht in einem auffälligen Mißverhältnis zu der Leistung des Vermieters stehen...", § 5 Abs. 1, 2 WiStG.

Als Mietwucher ist nach § 302a des Strafgesetzbuches (StGB) unter Strafe gestellt, wenn jemand „die Zwangslage, die Unerfahrenheit, den Mangel an Urteilsvermögen oder die erhebliche Willensschwäche eines anderen dadurch ausbeutet, daß er sich oder einem Dritten... für die Vermietung von Räumen zum Wohnen oder damit verbundene Nebenleistungen... Vermögensvorteile versprechen oder gewähren läßt, die in einem auffälligen Mißverhältnis zu der Leistung... stehen" (§ 302a Abs. 1 Satz 1 StGB).

§ 7. Verbraucherkredit

Fall: Verbraucher V nimmt bei Teilzahlungsbank K einen Kredit auf. Vereinbart wurde, daß Zinszahlung und Tilgung in monatlich gleichbleibenden Raten erfolgen. V verliert seinen Arbeitsplatz und kann infolgedessen die vereinbarten Raten nicht aufbringen. K fordert unter Berufung auf Klauseln des vorgedruckten Vertrags die gesamte noch nicht getilgte Darlehenssumme zurück sowie für jeden Monat des Verzugs 1 Prozent Verzugszinsen.

Literatur: *Vortmann* 1991; *Jarass* 1984 S. 301 ff; *Schönle* 1971, S. 390 ff

Gegenstand dieses Paragraphen

Gegenstand dieses Paragraphen sind die rechtlichen Grundlagen von Verträgen über Kredite und andere Finanzdienstleistungen mit Ausnahme solcher, die versicherungsrechtlich geregelt sind (s. hierzu § 8). Im zweiten Abschnitt des Paragraphen werden die verwaltungsrechtlichen Regelungen, welche im Hinblick auf Kredite und andere Finanzdienstleistungen bedeutsam sind, nämlich die behördliche Aufsicht über Banken und andere Kreditinstitute, dargestellt.

Rechtsquellen

Wesentliche Regelungen über die vertragsrechtlichen Beziehungen zwischen Kreditgeber und Verbraucher enthält das Verbraucherkreditgesetz (VerbrKrG). Dieses ist aber keine umfassende Regelung der Verbraucherkreditverträge, sondern auch andere Vorschriften, insbesondere des BGB, sind hierfür bedeutsam. Andererseits enthält das Verbraucherkreditgesetz Regelungen, welche sich nicht unmittelbar auf Verbraucherkreditverträge beziehen; solche werden hier wegen des vom Gesetzgeber hergestellten Zusammenhangs ebenfalls erläutert.

Für die Aufsicht über Kreditinstitute ist das Kreditwesengesetz (KWG) die wesentliche Rechtsquelle. Daneben bestehen spezialgesetzliche Regelungen; diese werden hier nicht weiter erörtert.

1. BGB und Verbraucherkreditgesetz

a) Sittenwidrigkeit von Kreditverträgen

Nach § 138 BGB sind Verträge nichtig, wenn sie sittenwidrig sind. Die Regelung findet naturgemäß auch bei Kreditverträgen Anwendung.

aa) Zinshöhe

Nach gefestigter Rechtsprechung des BGH (Nachweise und Erläuterungen bei *Vortmann* § 4 Anhang, Rz. 2, 10f, 17) ist ein Ratenkreditvertrag sittenwidrig, wenn der effektive Jahreszins wesentlich höher ist als der (als marktüblich angesehene) von der Deutschen Bundesbank veröffentlichte Zins. Die Höhe der Überschreitung, von welcher an der Vertrag als sittenwidrig und daher nichtig (§ 138 BGB) betrachtet wird, wird mit 90 bis 100 Prozent angegeben.

Grundlage für die Festlegung des Marktzinses ist der von der Deutschen Bundesbank durch Befragung ermittelte Schwerpunktzins (BGHZ 80, 153, 169f; BGH NJW 1987, 2220).

Sittenwidrig ist ein Verbraucherkreditvertrag, dessen vertragliche Effektivbelastung den marktüblichen Effektivzins um ca. 100% überschreitet (BGH Wertpapier-Mitteilungen 1986, 181, 182; OLG Koblenz NJW-RR 1989, 43, 44). Allein daraus ist jedoch noch nicht auf ein wucherähnliches Ausbeutungsgeschäft nach § 138 Abs. 1 BGB zu schließen. Die 100-%-Grenze stellt lediglich einen Orientierungswert dar. Zur Sittenwidrigkeitsprüfung gehört eine zusammenfassende Würdigung des Inhalts und des Zwecks des Vertrages sowie der gesamten Geschäftsumstände. Demzufolge kann auch bei einer geringeren Überschreitung des Marktzinses (90 bis 100%) unter Berücksichtigung der Gesamtwürdigung aller Vertragsumstände die Sittenwidrigkeit gegeben sein (BGH Wertpapier-Mitteilungen 1988, 647). Das Vorliegen einer Abweichung von ca. 50% führt allerdings selbst in Verbindung mit belastenden Kreditbedingungen noch nicht zur Nichtigkeit des Vertrages (BGH NJW 1982, 2435; Wertpapier-Mitteilungen 1988, 647; OLG Düsseldorf NJW-RR 1987, 302).

Die Berücksichtigung der prozentualen Abweichung führt nicht immer zu sachgerechten Ergebnissen. Deshalb wird auch auf die absolute Abweichung zwischen Markt- und Vertragszins abgestellt, wobei die Grenze zwischen 12 und 13 Prozentpunkten liegt (BGH NJW 1988, 1659; BGH Wertpapier-Mitteilungen 1990, 669).

bb) Weitere Nichtigkeitsgründe

Neben der Zinshöhe haben auch andere Umstände bei der Bewertung von Kreditverträgen als sittenwidrig eine Rolle gespielt:

Ein Kreditvertrag ist als sittenwidrig angesehen worden, wenn der Schuldner oder einer der Gesamtschuldner für die Bank erkennbar nicht in der Lage ist, seinen Zahlungsverpflichtungen jemals nachzukommen (OLG Köln ZIP 1987; OLG Stuttgart NJW 1988, 833; a. A. OLG Bamberg Wertpapier-Mitteilungen 1988, 1225).

cc) Beratungspflichten der Kreditgeber

Literatur: *Vortmann, Jürgen:* Verbraucherkreditgesetz. Kommentar, 1991, Einl. Rz. 33ff

Der Kreditgeber ist grundsätzlich nicht verpflichtet, den Verbraucher über die Risiken der von ihm beabsichtigten Verwendung des Kredits und die sich daraus ergebenden wirtschaftlichen Risiken aufzuklären. Der Kreditnehmer trägt das alleinige wirtschaftliche Risiko der Zweckmäßigkeit einer Kreditaufnahme (BGH Wertpapier-Mitteilungen 1989, 165, 167). Soweit ihm in diesem Zusammenhang die für die Beurteilung notwendigen Kenntnisse fehlen, ist ihm in der Regel zuzumuten, sich durch Rückfragen beim Kreditgeber die Grundlage für eine sachgerechte Entscheidung zu verschaffen (BGH Wertpapier-Mitteilungen 1987, 627). Macht er hiervon Gebrauch und läßt der Kreditgeber sich hierauf ein, dann trifft diesen die Pflicht zu richtiger und vollständiger Auskunftserteilung. Der Kreditgeber muß den Verbraucher unaufgefordert darüber aufklären, inwieweit besondere Kreditformen Nachteile und Risiken gegenüber den üblichen Ratenkrediten beinhalten (BGH Wertpapier-Mitteilungen 1991, 197, 181) und sich die Kreditgewährung durch die Einschaltung eines Kreditvermittlers verteuert (BGH Wertpapier-Mitteilungen 1980, 892 = NJW 1980, 2074). Eine Aufklärungs- und Warnpflicht besteht ebenfalls ausnahmsweise, wenn ein besonderes Aufklärungs- und Schutzbedürfnis des Verbrauchers besteht, etwa dann, wenn der Kreditgeber selbst einen zu den allgemeinen wirtschaftlichen Risiken des Projekts hinzutretenden Gefährdungstatbestand schafft oder dessen Entstehung begünstigt, oder wenn er in bezug auf die speziellen Risiken des Vorhabens einen Wissensvorsprung hat.

Die Kombination von Konsumentenkredit und Kapitallebensversicherung erfordert weitergehende Aufklärungspflichten. Der Kreditgeber muß von sich aus auf die vertragsspezifischen Nachteile hinweisen (BGH Wertpapier-Mitteilungen 1990, 918), insbesondere auf die sich aus der Koppelung von Festkredit und Kapitallebensversicherung ergebende langfristige Bindung des Verbrauchers. Die Tilgung erfolgt erst am Ende der vereinbarten Laufzeit. Infolgedessen muß der Kreditnehmer das Darlehen während des gesamten Zeitraums in voller Höhe verzinsen. Bei vorzeitiger Kreditkündigung in den ersten Jahren nach Vertragsabschluß büßt er bei der Liquidation der Kapitallebensversicherung infolge des für ihn ungünstigen Rückkaufwertes einen erheblichen Teil seines angesparten Vermögens ein. Dies kann ihn faktisch daran hindern, bei fallendem Zinsniveau von seinem Kündigungsrecht nach § 609a BGB Gebrauch zu machen. Der durchschnittliche Verbraucher übersieht ohne Aufklärung diese Nachteile nicht. Darüber hinaus vermag er die sich aus der Vertragskombination ergebende Gesamtbelastung nicht zu erkennen. Die erforderliche Vergleichbarkeit mit anderen Kreditarten ist nicht gegeben. Die Undurchschaubarkeit der Belastung wiegt für den Verbraucher besonders schwer, wenn ihm lediglich an der Kreditgewährung als solcher und nicht auch am Abschluß eines Kapitallebensversicherungsvertrages gelegen ist (BGH Wertpapier-Mitteilungen 1989, 655, 656). Der Kreditgeber muß deshalb über die Vor- und Nachteile dieser speziellen Kreditart aufklären.

Besondere Aufklärungs- und Beratungspflichten des Kreditgebers bestehen im Zusammenhang mit der externen Umschuldung und der Ablösung fremder Vorkredite, da der Verbraucher die entstehenden Belastungen und Nachteile nicht zu erkennen vermag (BGH NJW 1988, 363, 818; OLG Celle BB 1985, 2196).

Bei Verletzung der Aufklärungspflicht steht dem Verbraucher ein Schadensersatzanspruch aus positiver Forderungsverletzung oder culpa in contrahendo zu. Der Kreditgeber muß den Zustand herstellen, der bestünde, wenn er seiner Aufklärungspflicht nachgekommen wäre (BGH NJW 1962, 1196). Der Kredit ist demzufolge rückabzuwickeln, wenn der Verbraucher den Kreditvertrag bei pflichtgemäßer Aufklärung nicht abgeschlossen hätte. Die Rückabwicklung erfolgt dergestalt, daß der Verbraucher das Nettokapital und der Kreditgeber die Kreditkosten erstatten muß (OLG Celle NJW-RR 1987, 1261).

b) Das Verbraucherkreditgesetz

Das neue Verbraucherkreditgesetz (VerbrKrG) (*Vortmann* 1991; *Bülow* 1991) regelt nicht nur Kreditverträge i.S. von § 607 BGB, sondern auch die Stundung; der Anwendungsbereich ist in § 1 VerbrKrG festgelegt, wobei in Übernahme der früher geltenden Regelungen des Abzahlungsgesetzes gemäß § 2 VerbrKrG auch Verträge über Lieferungen in Teilleistungen oder wiederkehrenden Leistungen erfaßt werden.

Für Kreditverträge ist nach § 1 Abs. 2 VerbrKrG wesentlich, daß für das Darlehen, den Zahlungsaufschub – hier ist aber ein Zahlungsaufschub von bis zu drei Monaten, z.B. insbesondere in aller Regel bei der bargeldlosen Zahlung mittels Universalkreditkarte, nach § 3 Abs. 1 Nr. 3 VerbrKrG ausgenommen – oder die sonstige Finanzierungshilfe ein Entgelt verlangt wird; der unentgeltliche Zahlungsaufschub ist nicht im VerbrKrG speziell geregelt.

Normadressaten des Gesetzes sind auf der einen Seite Kreditgeber, soweit sie in Ausübung ihrer gewerblichen oder beruflichen Tätigkeit handeln, also u.a. Banken, Händler, Handwerker, Freiberufler (der das Honorar stundende Rechtsanwalt), und auf der anderen Seite Verbraucher, also nach § 1 Abs. 1 VerbrKrG natürliche Personen. Erhält eine natürliche Person den Kredit nach dem Inhalt des Vertrags für ihre bereits ausgeübte gewerbliche oder selbständige berufliche Tätigkeit, kommt nach § 1 Abs. 1 VerbrKrG das Gesetz nicht zur Anwendung; es gilt aber für Existenzgründungsdarlehen, sofern die Darlehenssumme 100000 DM nicht übersteigt, § 3 Abs. 1 Nr. 2 VerbrKrG.

Der Kreditgeber trägt die Beweislast dafür, daß das Darlehen für gewerbliche oder berufliche Zwecke gewährt wurde. Zur Erleichterung der Beweisführung ist es für den Kreditgeber empfehlenswert, den Verwendungszweck beweiskräftig festzulegen.

Kredite, die mittels einer Kreditkarte eingeräumt werden, unterliegen – mit der genannten Ausnahme nach § 3 Abs. 1 Nr. 3 VerbrKrG – den Bestimmungen dieses Gesetzes (*Vortmann* 1991, § 1 Rz. 29f). Insbesondere gehören die Fälle dazu, bei denen die Aussteller dem Kreditkarteninhaber gestatten, den festgelegten Fälligkeitszeitpunkt für den Ausgleich des jeweils offenen Rechnungssaldos gegen Zahlung entsprechender Zinsen zu überziehen. Vom sachlichen Anwendungsbereich ausgeschlossen sind Kreditkarten, bei denen dem Inhaber außer einer periodischen Pauschalgebühr für den bargeldlosen Verbindlichkeitenausgleich keine weiteren Kosten in Rechnung gestellt werden.

Nach § 2 VerbrKrG gelten das Schriftformerfordernis (§ 4 VerbrKrG) und das Widerrufsrecht (§ 7 VerbrKrG) außer für Verbraucherkreditverträge auch für Verträge, wenn deren Inhalt ist:

„1. die Lieferung mehrerer als zusammengehörend verkaufter Sachen in Teilleistungen", wenn „das Entgelt für die Gesamtheit der Sachen in Teilleistungen zu entrichten ist;

2. die regelmäßige Lieferung von Sachen gleicher Art";

3. „die Verpflichtung zum wiederkehrenden Erwerb oder Bezug von Sachen".

Hierunter fallen beispielsweise Verträge über den Bezug von Buchreihen (*Vortmann* 1991, § 2 Rz. 8; BGH NJW 1976, 1354), wenn die Bände trotz eines eigenen literarischen Wertes und objektiver isolierter Nutzung durch den Willen des Verkäufers, der Vertragsinhalt geworden sein muß, nur einheitlich verkauft werden sollen. Ferner ist der Verkauf mehrbändiger Nachschlagewerke ein unter Nr. 1 fallender Vertrag, weil der Verkauf eines Einzelbandes vom Verkäufer üblicherweise nur zusammen mit den restlichen Bänden vorgenommen wird.

Zu den Geschäften nach Nr. 2 gehören sowohl die regelmäßige Lieferung von Nahrungs- und Genußmitteln als auch die Lieferungen auf Grund eines Zeitschriften- oder Zeitungsabonnements (*Vortmann* 1991, § 2 Rz. 11; BGH NJW 1987, 124, 125).

Zu den Geschäften nach Nr. 3 gehören vor allem die Mitgliedschaften in Schallplatten- oder Buchgemeinschaften. Das Mitglied dieser Clubs verpflichtet sich im Rahmenvertrag zum quartalsweisen Kauf eines Buches oder einer Schallplatte als Mindestabnahme. Die Mitgliedschaft, die nicht den vereinsrechtlichen Vorschriften unterliegt, ist ein Dauerschuldverhältnis. (*Vortmann* 1991 § 2 Rz. 14)

Gänzliche oder teilweise Ausnahmen bestimmt das Gesetz für Bagatellfälle (§ 3 Abs. 1 Nrn. 1, 3 VerbrKrG), für Arbeitgeberdarlehen (Nr. 4), für Finanzierungsleasingverträge und gerichtlich oder notariell dokumentierte Verträge (hier entfällt nach § 3 Abs. 2 Nr. 3 VerbrKrG unter anderem das Schriftformerfordernis) und für grundpfandrechtlich gesicherte Kredite, für welche nach einer Ende April 1993 verkündeten weiteren Ausnahme auch das Gebot entfällt, den Gesamtbetrag der zu zahlenden Teilzahlungen zu nennen.

Für den Versandhandel findet wegen § 8 VerbrKrG das Gesetz nur eingeschränkt Anwendung.

§ 4 Abs. 1 Satz 1 VerbrKrG regelt für Verbraucherkreditverträge das Schriftformerfordernis und schreibt auch vor, welche Angaben zu machen sind. Hierfür trifft das Gesetz die Unterscheidung in „Kreditverträge im allgemeinen" gemäß § 4 Abs. 1 Nr. 1 VerbrKrG und in Kreditverträge über die Lieferung und Leistung gegen Teilzahlung gemäß § 4 Abs. 1 Nr. 2 VerbrKrG. Mit den Teilzahlungsgeschäften sind die Abzahlungsgeschäfte im Sinne des früher geltenden Abzahlungsgesetzes gemeint, insbesondere muß der Verbraucher mindestens zwei Raten nach Übergabe zu erbringen haben; darüber hinaus sind nicht nur Kaufverträge, sondern auch Werk-, Dienst- und andere Verträge erfaßt.

Bei Kreditverträgen im allgemeinen, insbesondere Darlehensverträgen, sind anzugeben der Nettokreditbetrag, wenn möglich der Gesamtbetrag aller vom Verbraucher zu erbringender Leistungen, die Art und Weise der Rückzahlung des Kredits (bzw. der Vertragsbeendigung), Zinssatz und Kosten, effektiver Jahreszins (dessen Berechnung richtet sich gemäß § 4 Abs. 2 Satz 2 VerbrKrG nach § 4 der Preisangabenverordnung), Kosten für Versicherungen, insbesondere Restschuldversicherungen und zu bestellende Sicherheiten.

Anzugeben sind danach auch Bereitstellungszinsen (*Vortmann* § 4 Rz. 14). Sie werden vom Kreditgeber als Gegenleistung dafür verlangt, daß er nach Darlehensabschluß für einen bestimmten Zeitraum den Darlehensbetrag auf Abruf des Kreditnehmers bereithält (BGH ZIP 1986, 359).

Zu den Kreditkosten, deren Höhe im Kreditvertrag aufzuführen ist, gehören sämtliche Gelder, die der Kreditnehmer aufnehmen muß, um den Kredit zu erhalten, insbesondere Vermittlungsgebühren, Bearbeitungsgebühren, Spesen, Provisionen und ähnliches (*Vortmann* 1991 § 4 Rz. 15). Die genaue Ausweisung der Kosten in der Vertragsurkunde ist erforderlich.

Die Kosten, die für die Kreditvermittlung entstehen, sind in die Kosten des Kredits mit einzubeziehen (BGH Wertpapier-Mitteilungen 1987, 613) und infolgedessen auch im Verbraucherkreditvertrag gesondert auszuweisen (*Vortmann* 1991 § 4 Rz. 16). Beim vermittelten Verbraucherkredit entsteht in der Regel eine Vermittlungsprovision in zweierlei Hinsicht. Der Kreditvermittler erhält vom Kreditnehmer eine einmalige, betragsbezogene, laufzeitunabhängige Courtage, berechnet nach einem bestimmten Prozentsatz vom Kreditbetrag. Rechtsgrundlage für den Anspruch des Vermittlers gegen den Kreditnehmer auf Zahlung der Courtage ist der zwischen beiden geschlossene Vermittlungsvertrag (*Sandkühler* 1988, 8). Neben der Courtage vereinbart der Vermittler mit dem Kreditgeber für die Kundenzuführung eine betrags- und laufzeitabhängige Vergütung, das sogen. Packing, das 0,1 bis 0,25% pro Monat beträgt (*Vortmann* aaO. m. Nachw.)

Kommt ein Kreditvertrag nicht zustande, besteht auch kein Anspruch des Kreditvermittlers auf Provision.

Die fehlende Offenlegung des Packing ist im übrigen eine arglistige Täuschung des Kreditnehmers durch den Vermittler, die zur Anfechtung des Kreditvertrages berechtigt oder zur Sittenwidrigkeit des gesamten Kredits nach § 138 BGB führt (*Vortmann* 1991 § 4 Rz. 17).

Ebenfalls im Verbraucherkreditvertrag gesondert auszuweisen sind die Kosten einer Restschuldversicherung (*Vortmann* 1991 § 4 Rz. 18), bei der der Kreditnehmer Versicherungsnehmer wird und der Kreditgeber die Versicherungsprämie für seine Rechnung an den Versicherer zahlt. Die Prämie geht dabei als Teil des Kreditkapitals in den Kreditvertrag ein.

Für die Berechnung des effektiven Jahreszinses bestehen unterschiedliche Berechnungsmethoden. Zu unterscheiden sind insbesondere eine mathematisch exakte taggenaue Berechnung und die sogenannte 360-Tage-Methode, wie sie in Deutschland in der Praxis üblich ist und wohl in § 4 PangV rechtlich verankert ist.

Nach der EG-Richtlinie 87/102/EWG vom 22. 12. 1986 zur Angleichung der Rechts- und Verwaltungsvorschriften der Mitgliedstaaten über den Verbraucherkredit (EG-ABl. L 42/48) in Verbindung mit der Änderungsrichtlinie 90/88/EWG vom 22. 2. 1990 (EG-ABl. L 61/14) wird die Berechnungsmethode EG-einheitlich geregelt.

Bei Kreditverträgen über Abzahlungsgeschäfte im Sinne von § 2 VerbrKrG sind die in § 4 Abs. 1 Nr. 2 genannten Angaben zu machen.

An sich ist der Tatbestand eines „Kreditvertrages im allgemeinen" auch erfüllt, wenn eine Bank mit ihrem Kunden das Recht zur Kontoüberziehung vereinbart oder die Bank dies duldet. Jedoch erschien wohl die Belastung der Kreditwirtschaft mit den Anforderungen an die Schriftform zu groß. Deshalb ist die Schriftform ersetzt durch Informationspflichten der Bank gemäß § 5 VerbrKrG vor und während der Überziehung.

Die Rechtsfolgen der fehlenden Schriftform oder fehlender Angaben richten sich nach § 6 VerbrKrG. Grundsatz ist danach die Nichtigkeit des Vertrags bei Formmängeln, allerdings gibt es weitgehende Heilungsmöglichkeiten.

§ 7 VerbrKrG räumt dem Verbraucher das Recht ein, den Vertrag binnen einer Frist von einer Woche zu widerrufen, wobei der Widerruf schriftlich erfolgen muß. „Zur Wahrung der Frist genügt die rechtzeitige Absendung des Widerrufs. Der Lauf der Frist beginnt erst, wenn dem Verbraucher eine drucktechnisch deutlich gestaltete und vom Verbraucher gesondert zu unterschreibende Belehrung ... ausgehändigt worden ist. Wird der Verbraucher nicht" über sein Widerrufsrecht „informiert, so erlischt das Widerrufsrecht erst nach beiderseits vollständiger Erbringung der Leistung, spätestens jedoch ein Jahr nach der auf den Abschluß des Kreditvertrages gerichteten Willenserklärung des Verbrauchers." (§ 7 Abs. 2 VerbrKrG)

Umstritten war (*Bülow* 1991, 132), wie das Widerrufsrecht im Falle von Darlehen auszugestalten sei. Gemäß § 7 Abs. 3 VerbrKrG gilt der rechtzeitig erklärte Widerruf als nicht erfolgt, wenn das Darlehen nicht binnen zweier Wochen nach Erklärung des Widerrufs oder nach Darlehensauszahlung zurückgezahlt wird; andernfalls bleibt der Verbraucher an den Darlehensvertrag gebunden. In den Fällen, in denen der Verbraucher das Darlehen seiner Zweckbestimmung gemäß verwendet hat, wird das Widerrufsrecht mit dieser Regelung praktisch wertlos.

Das Rückzahlungserfordernis wird auch gemäß Art. 2 des Gesetzes ausgedehnt auf die Kündigung von Darlehen gem. § 609a Abs. 1, 2 BGB.

Hinsichtlich der Rechtsfolgen des Widerrufs verweist § 7 Abs. 4 VerbrKrG auf die Regelung von § 3 HaustürWG (s. § 1 Abschnitt 3.).

Für sog. „verbundene Geschäfte" und damit insbesondere für den finanzierten Abzahlungskauf erstreckt § 9 VerbrKrG das Widerrufsrecht auf den mit dem Darlehensvertrag verbundenen Vertrag und regelt den Einwendungsdurchgriff gegenüber dem Darlehensrückzahlungsanspruch; zu den Ausnahmen hinsichtlich des Einwendungsdurchgriffs gehört die Bagatellgrenze von 400 DM beim finanzierten Kaufpreis, § 3 Abs. 3 Satz 2 VerbrKrG. Die Belehrung über das Widerrufsrecht muß sich konsequenterweise ebenfalls auf den mit dem Darlehensvertrag verbundenen Vertrag erstrecken.

Auswirkungen auf das sogenannte C-Geschäft bei finanzierten Geschäften hat § 10 VerbrKrG, wonach der Verbraucher nicht verpflichtet werden darf, für die Ansprüche des Kreditgebers aus dem Kreditvertrag eine Wechselverbindlichkeit einzugehen. Die Scheckziehung ist erlaubt, jedoch nur zahlungshalber, nicht sicherungshalber.

Im Falle des Schuldnerverzugs (§§ 284, 285, 279 BGB) kann der Gläubiger generell gemäß § 286 BGB Schadenersatz verlangen. Die Schadensberechnung richtet sich nach §§ 249ff, insbesondere § 252 BGB. Für den Verzugsschaden bei Verbraucherkrediten stellt § 11 Abs. 1 VerbrKrG die Regel auf, daß er den jeweiligen Diskontsatz der Deutschen Bundesbank (§ 19 Abs. 2 BBankG) plus fünf Prozentpunkte beträgt.

Das nach Maßgabe von § 289 S. 2 BGB relativierte Zinseszinsverbot ist gemäß § 11 Abs. 2 VerbrKrG dahin modifiziert, daß der gesetzliche Zinssatz von 4% gemäß § 246 BGB angelegt werden darf; die Einstellung der

Zinsen in ein Kontokorrent (§ 355 HGB) wird zur Absicherung dieser Berechnung verboten.

Die Tilgungsverrechnung nach § 367 BGB, die zur Überschuldung von Verbrauchern bei notleidenden Krediten beitrug, weil das eigentliche Darlehen trotz Zahlungen stehen blieb, ist durch § 11 Abs. 3 VerbrKrG abgewandelt; Tilgung in der Reihenfolge: Kosten der Rechtsverfolgung, Hauptbetrag, Zinsen (die entgegen §§ 197, 218 Abs. 2 BGB der Regelverjährung von 30 Jahren unterliegen).

Kündigungsrechte des Darlehensnehmers sind im BGB, in § 609a, geregelt. Demgegenüber sind für Verbraucherkredite Kündigungsrecht und Rücktrittsrecht des Kreditgebers im VerbrKrG (§§ 12, 13) eingeschränkt.

Das sich aus § 271 Abs. 2 BGB ergebende Recht des Verbrauchers zur vorzeitigen Erfüllung der Verpflichtungen aus einem Abzahlungsgeschäft ist zwingend gestaltet (§§ 14, 18 S. 1 VerbrKrG). Für Darlehen folgt das bereits aus § 609a Abs. 1 Nr. 2 BGB. Nicht verbrauchte Kreditkosten sind nach Maßgabe von § 13 VerbrKrG gutzuschreiben.

Gemäß § 1 Abs. 3 VerbrKrG ist der Kreditvermittlungsvertrag ein Vertrag, nach dem es ein Kreditvermittler in Ausübung seiner gewerblichen oder beruflichen Tätigkeit (§ 1 Abs. 2) unternimmt, einem Verbraucher gegen Entgelt einen Kredit zu vermitteln oder ihm die Gelegenheit zum Abschluß eines Kreditvertrages nachzuweisen. Der Kreditvermittler kann Makler (§ 652 BGB, § 93 HGB), Handelsvertreter (§ 84 HGB) oder auch Zweigstelle eines Kreditinstituts i.S. von § 24 Abs. 1 Nr. 7 KWG sein. Er unterliegt den Bestimmungen von § 34c Abs. 1 GewO, der Makler- und Bauträgerverordnung (MaBV) und § 4 Preisangabenverordnung. Die §§ 15 bis 17 enthalten Vorschriften über den Vertrag zwischen Verbraucher und Kreditvermittler. Bei der Berechnung des effektiven Jahreszinses ist die Maklerprovision im allgemeinen den Kreditkosten zuzuschlagen.

Der Vertrag bedarf gem. § 15 Abs. 1 Satz 1 VerbrKrG ebenso wie ein Kreditvertrag (§ 4 Abs. 1 Satz 1 VerbrKrG) der Schriftform (§§ 125, 126 BGB). Anzugeben ist das Vermittlerhonorar in Relation zum Darlehensbetrag sowie ein eventuell von der Bank gezahltes Honorar. Nebenentgelte dürfen nicht vereinbart werden (§ 17 VerbrKrG, § 134 BGB), aber Auslagenerstattung. Sind diese Voraussetzungen erfüllt, ist das Honorar zwingend (§ 18 S. 1 VerbrKrG) erfolgsabhängig, § 16 S. 1 VerbrKrG, bei der Vermittlung von Umschuldungskrediten auch davon, daß sich der effektive Jahreszins des Neukredits nicht erhöht.

Ein allgemein formuliertes Umgehungsverbot enthält § 18 S. 2 VerbrKrG. Ein Beispielsfall wäre der Abschluß einer Kette von Einzelverträgen, die unter die Bagatellgrenze von § 3 VerbrKrG fallen.

Das Mahnverfahren nach §§ 688 bis 703d der Zivilprozeßordnung (ZPO) wurde durch das Gesetz über Verbraucherkredite, zur Änderung der Zivilprozeßordnung und anderer Gesetze vom 17. Dezember 1990, dessen Artikel 1 das VerbrKrG ist, modifiziert.

Im Mahnverfahren findet nur eine rudimentäre Schlüssigkeitsprüfung statt. Das war Mitursache dafür, daß vermeintliche Ansprüche tituliert wurden, die auf sittenwidrigen Konsumentenratenkreditverträgen beruhten. Für Verbraucherkredite wird eine Schlüssigkeitsprüfung im Mahnverfahren (wieder) eingeführt. Gem. § 690 Abs. 1 Nr. 3 Halbs. 2 ZPO n. F. sind für Ansprüche aus Verträgen, für die das Verbraucherkreditgesetz gilt, das Datum des Vertragsabschlusses und der effektive Jahreszins anzugeben. Liegt dieser um 12 Prozentpunkte über dem bei Vertragsabschluß geltenden Bundesbankdiskontsatz (was nach neuerer Rechtsprechung die Sittenwidrigkeit indiziert), findet das Mahnverfahren gem. § 688 Abs. 2 Nr. 1 ZPO n. F. nicht statt; der Rechtspfleger hat den Antrag gem. § 691 Abs. 1 Nr. 1 ZPO zurückzuweisen. Ihm obliegt es nicht nur, die Zinsdifferenz auszurechnen, sondern auch die Beurteilung der Rechtsfrage, ob für einen Vertrag das Verbraucherkreditgesetz gilt.

Wird der Antrag zurückgewiesen, tritt gem. § 691 Abs. 2 ZPO Verjährungsunterbrechung auf den Zeitpunkt der Einreichung ein, wenn binnen eines Monats seit Zustellung die Klage erhoben wird (vgl. § 270 Abs. 2 ZPO). Gem. § 11 Abs. 1 RPflG ist die befristete Erinnerung gegeben. (*Bülow* 1991, 133f)

Der Gesetzgeber hat im Verbraucherkreditgesetz, anders als im vom VerbrKrG abgelösten Abzahlungsgesetz und in vergleichbaren Gesetzen (vgl. §§ 26 FernUSG, 7 HaustürWG), davon abgesehen, zugunsten betroffener Verbraucher eine Gerichtsstandsregelung zu treffen.

c) Allgemeine Geschäftsbedingungen

Von den Streitfällen über die Wirksamkeit Allgemeiner Geschäftsbedingungen bei Kreditverträgen und anderen Bankgeschäften seien die folgenden erwähnt:

Eine Zinsverrechnungsklausel in Hypothekendarlehen-AGB, welche bei den monatlichen Ratenzahlungen den zu zahlenden Zinsen-Anteil nicht nach der aktuellen Schuld, sondern nach der Darlehensschuld des Vorjahres bemißt, ist wegen Verstoßes gegen das Transparenz-Gebot unwirksam (BGH NJW 1989, 222).

Die als Allgemeine Geschäftsbedingung aufzufassende Klausel einer Sparkasse, daß die Wertstellung von Bareinzahlungen auf Girokonten einen (Bank-)Arbeitstag nach der Einzahlung vorgenommen wird, benachteiligt die Kunden unangemessen und ist deshalb unwirksam (BGH BB 1989, S. 243).

„Die Formularbestimmung eines Kreditvertrages, nach der die Bank berechtigt ist, alle Daten des Kreditnehmers über die Aufnahme und Abwicklung des Kredits an ein Kreditinformationssystem zur Speicherung zu übermitteln („Schufa-Klausel"), verstößt gegen § 9 AGB-Gesetz" (BGH NJW 1986, 46).

2. Bankenaufsicht

Die Bankenaufsicht wird vom Bundesaufsichtsamt für das Kreditwesen mit Sitz in Berlin ausgeübt. Die Zentralisierung soll die Aufsicht einheitlich und wirkungsvoll gestalten und die durch § 7 KWG gebotene Zusammenarbeit mit der Bundesbank erleichtern. Das Aufsichtsamt ist gem. § 5 KWG eine Bundesoberbehörde. Es ressortiert im Geschäftsbereich des Bundesministers der Finanzen und ist diesem weisungsabhängig nachgeordnet. Der Erlaß allgemeiner Regelungen, wie der Grundsätze des § 10 Abs. 1 KWG, bedarf des Einvernehmens, d.h. der Zustimmung der Bundesbank.

Das Betreiben von Bankgeschäften bedarf einer Erlaubnis (§ 32 KWG). Wird die Erlaubnispflicht nicht beachtet, kann das Bundesaufsichtsamt unmittelbar einschreiten (§ 37 KWG), d.h. den weiteren Betrieb untersagen. Die Genehmigung muß erteilt werden, wenn die gesetzlich geregelten Voraussetzungen gegeben sind. Hierzu zählen insbesondere:

Betreiben eines Bankgeschäfts gemäß § 1 KWG (Ausnahmen nach § 2 KWG); ausreichende Mittel (§ 33 Abs. 1 Nr. 1 i.V.m. § 10 KWG); wenigstens zwei hauptamtliche Geschäftsleiter müssen angestellt sein (sog. Vier-Augen-Prinzip des § 33 Abs. 1 Nr. 4 KWG); Zuverlässigkeit des Antragstellers und des Geschäftsleiters (§ 33 Abs. 1 Nr. 2 KWG); fachliche Eignung der Geschäftsleiter und, im Normalfall, des Inhabers (§ 33 Abs. 1 Nr. 3 KWG). Die fachliche Eignung liegt regelmäßig vor, wenn eine entsprechende dreijährige leitende Tätigkeit nachgewiesen wird (§ 33 Abs. 2 KWG).

Die Rechtsform des Einzelkaufmanns ist für Kreditgeschäfte unzulässig (§ 2a KWG).

Die Genehmigung kann mit Auflagen verknüpft werden, sofern sie sich im Rahmen des Gesetzeszwecks halten (§ 32 Abs. 2 Satz 1 KWG), etwa mit der Auflage, sich der Einlagensicherung der Banken anzuschließen.

Wer Bankgeschäfte ohne Erlaubnis betreibt, macht sich nach § 54 Abs. 1 Ziff. 2 und Abs. 2 KWG strafbar (Freiheits- und/oder Geldstrafe bei Vorsatz, Geldstrafe bei Fahrlässigkeit). Außerdem kann die Fortsetzung des Betriebs nach § 15 Abs. 2 GewO polizeilich verhindert werden. Ein unmittelbares Eingriffsrecht geben dem Bundesaufsichtsamt auch §§ 37 und 50 KWG.

Nach § 10 KWG müssen die Kreditinstitute im Interesse der Erfüllung ihrer Verpflichtungen gegenüber ihren Gläubigern, insbesondere zur Sicherheit der ihnen anvertrauten Vermögenswerte ein angemessenes haftendes Eigenkapital haben. § 10 Abs. 2 bis 5 KWG bestimmt, was bei

Kreditinstituten verschiedener Rechtsform als haftendes Eigenkapital anzusehen ist.

Nach § 11 KWG müssen die Kreditinstitute ihre Mittel so anlegen, daß eine ausreichende Zahlungsbereitschaft gewährleistet ist. Das Bundesaufsichtsamt stellt im Einvernehmen mit der Deutschen Bundesbank Grundsätze auf, nach denen es für den Regelfall beurteilt, ob die Eigenkapitalausstattung und Liquiditätsvorsorge ausreichend ist.

Damit das Bundesaufsichtsamt seine in § 6 KWG beschriebenen Aufgaben erfüllen kann, bedarf es vielfältiger Informationen über die Tätigkeit jedes Kreditinstituts. Die Kreditinstitute sind daher verpflichtet, von sich aus Großkredite (§ 13 KWG), Millionenkredite (§ 14 KWG) und Organkredite (§ 16 KWG) sowie personelle, finanzielle und organisatorische Veränderungen anzuzeigen (§ 24 KWG). Außerdem müssen sie monatliche Berichte (sog. Monatsausweise) und die Jahresabschlüsse sowie Prüfungs- und Geschäftsberichte vorlegen (§§ 26f KWG). Schließlich kann das Bundesaufsichtsamt, auch ohne besonderen Anlaß, weitere Auskünfte sowie die Vorlage von Unterlagen verlangen und Prüfungen an Ort und Stelle vornehmen (§ 44 KWG) und dabei Sachverständige einschalten (§ 8 Abs. 1 KWG). Die meist recht erheblichen Kosten für die Prüfung sind vom Kreditinstitut zu tragen (vgl. § 51 Abs. 3 KWG); verfassungsrechtliche Bedenken bestehen dagegen nicht (BVerwGE 65, 292).

Als weitreichendste Maßnahme des Bundesaufsichtsamtes nach Erteilung der Genehmigung kommt die Aufhebung der Genehmigung in Betracht. Sie ist abschließend in § 35 KWG geregelt. Daneben hat das Bundesaufsichtsamt einige mildere Mittel zur Verfügung, die Vorrang haben, soweit sie ausreichen. Gemäß § 36 KWG kann unter bestimmten Voraussetzungen die Abberufung von Geschäftsleitern verlangt werden. Falls das Eigenkapital oder die Liquidität unzureichend sind, besteht die Möglichkeit, Handlungen zu untersagen, die zu einer weiteren Verschlechterung führen würden (§ 45 KWG). Besteht gar die Gefahr, daß das Kreditinstitut seinen Verpflichtungen nicht mehr gerecht wird, kann die Tätigkeit des Instituts in jeder Hinsicht reguliert werden (§§ 46 bis 46c KWG). Schließlich kann das Aufsichtsamt bei Rechtsverstößen Bußgeldbescheide erlassen (§§ 56ff KWG).

Die Tätigkeit des Bundesaufsichtsamts für das Kreditwesen dient faktisch auch den Interessen der Gläubiger, vor allem den Interesen der Kunden von Kreditinstituten. Es stellt sich daher die Frage, ob dies rechtlich bezweckt ist, ob die Kunden folglich einen Anspruch auf Eingreifen des Bundesaufsichtsamts haben und Schadenersatz verlangen können, wenn das Amt zu Unrecht nicht tätig geworden ist. Ein derartiger Drittschutz (die Aufsichtsmaßnahmen sind auch im Interesse der Kunden geboten) wird vom **Bundesgerichtshof** hinsichtlich der Maßnahmen nach §§ 35, 46 KWG bejaht; in BGHZ 74, 144, 147ff ging es um den Schadensersatzanspruch eines Kunden, der einer Kleinbank kein Geld anvertraut hätte, wenn das Bundesaufsichtsamt, wie es bei ordnungsgemäßer Aufsicht der Fall gewesen wäre, mehrere Monate früher als tatsächlich geschehen von der finanziellen Misere der Kleinbank erfahren und diese unter den gegebenen Umständen geschlossen hätte. Abgelehnt hat der BGH dagegen einen Drittschutz im Hinblick auf die Grundsätze nach § 10 KWG (BGHZ 75, 120, 127ff).

§ 8. Versicherungsgeschäfte

Fall: Versicherungsnehmer N hat mit Versicherer V einen Vertrag über eine Reisegepäckversicherung abgeschlossen. Als N im Flugplatzgebäude seine Tasche mit seiner Filmausrüstung kurz abstellt, um seinen Flugschein aus der Brieftasche zu holen, wird die Tasche mit der Filmausrüstung gestohlen. V verweigert die Regulierung des Schadens.

Literatur: *Farny* 1988; *Werber/Winter* 1986

Gegenstand dieses Paragraphen

Versicherungsschutz, bestehend aus Ansprüchen auf Leistungen beim Eintritt bestimmter Ereignisse, wird zum einen auf der Grundlage von Verträgen begründet, zum anderen im Sozialrecht auf der Grundlage öffentlich-rechtlicher Beziehungen. In diesem Buch wird der sozialrechtliche Bereich nicht dargestellt.

Privatrechtliche Versicherungsverträge beziehen sich beispielsweise auf den Eintritt folgender Ereignisse: Krankheit; Einbruch in die Wohnung; Tod; Entwendung von Gegenständen während einer Reise; Entstehen von Haftungsansprüchen Dritter gegen den Versicherungsnehmer.

Die Versicherungs-Unternehmen, welche mit Versicherungsnehmern Versicherungsverträge abschließen, unterliegen der staatlichen Aufsicht gemäß den Regelungen des Versicherungsaufsichtsgesetzes. Nach noch geltendem Recht wird die Geschäftstätigkeit der Versicherer sehr weitgehend vom Bundesaufsichtsamt für das Versicherungswesen kontrolliert; dies geht soweit, daß nicht nur die Aufnahme von Versicherungsgeschäften, sondern auch die Versicherungsbedingungen und -tarife einer behördlichen Genehmigung bedürfen. EG-rechtliche Rahmenbedingungen werden allerdings in Kürze zum Wegfall einiger Aufsichtsbefugnisse führen.

In diesem Buch werden nur die versicherungsvertragsrechtlichen Beziehungen von Endverbrauchern (und die zugehörigen Aufsichts-Regelungen) weiter dargestellt. Somit werden beispielsweise die Betriebs- und Produkthaftungsversicherungen und die Rückversicherungen nicht erörtert.

Rechtsquellen

Die Rechtsgrundlagen für Versicherungsverträge sind allgemeine Vorschriften wie das BGB sowie Spezialvorschriften, insbesondere im Versicherungsvertragsgesetz (VVG).

Von den gegenwärtig relevanten Vertragstypen sind einige im Versicherungsvertragsgesetz geregelt, weitere in Spezialvorschriften, weitere überhaupt nicht auf spezieller gesetzlicher Grundlage:

Auf die Feuerversicherung beziehen sich die §§ 81 bis 107c VVG, auf die Hagelversicherung die §§ 108 bis 115a VVG, auf die Tier-Haftpflichtversicherung die §§ 116 bis 128 VVG, auf die Transportversicherung die §§ 129 bis 148 VVG, auf die Haftpflichtversicherung die §§ 149 bis 158k VVG, auf die Lebensversicherung die §§ 159 bis 178 VVG, auf die Unfallversicherung die §§ 179 bis 185 VVG.

Die Krankenversicherung und die Rechtsschutzversicherung sind nicht gesetzlich speziell geregelt.

Die Kraftfahrzeug-Haftpflichtversicherung ist im Pflichtversicherungsgesetz geregelt.

Wesentlich für Versicherungsverhältnisse sind auch das Gesetz zur Regelung der Allgemeinen Geschäftsbedingungen (AGBG) sowie die richterliche Rechtsfortbildung. Die Praxis entwickelte allgemeine Bedingungswerke, welche den Rahmen der meisten Versicherungsverhältnisse bilden.

Die Versicherungsaufsicht ist im Versicherungsaufsichtsgesetz (VAG) geregelt. Zuständige Behörde ist das Bundesaufsichtsamt für das Versicherungswesen (BAV).

1. Versicherungsverträge

Der Versicherungsvertrag als außerhalb des BGB geregelter Vertrags-Typ ist dadurch gekennzeichnet, daß der Versicherer verpflichtet ist, „nach dem Eintritt des Versicherungsfalls dem Versicherungsnehmer den dadurch verursachten Vermögensschaden nach Maßgabe des Vertrags zu ersetzen. Bei der Lebensversicherung und der Unfallversicherung sowie bei anderen Arten der Personenversicherung ist der Versicherer verpflichtet, nach dem Eintritt des Versicherungsfalls den vereinbarten Betrag an Kapital oder Rente zu zahlen oder die sonst vereinbarte Leistung zu bewirken.“ (§ 1 Abs. 1 VVG). „Der Versicherungsnehmer hat die vereinbarte Prämie zu entrichten. Als Prämien im Sinne dieses Gesetzes gelten auch die bei Versicherungsunternehmungen auf Gegenseitigkeit zu entrichtenden Beiträge.“ (§ 1 Abs. 2 VVG)

Speziell zu den Regelungen des allgemeinen Vertragsrechts im Bürgerlichen Gesetzbuch enthält das Versicherungsvertragsgesetz spezifische

Regelungen zum Versicherungsvertrag. Von diesen Regelungen kann zum Teil nicht in Vereinbarungen zum Nachteil des Versicherungsnehmers abgewichen werden (§§ 15a, 42 VVG).

Von besonderer Bedeutung sind die folgenden Regelungen:

§ 61 VVG regelt den Ausschluß für grob fahrlässig oder vorsätzlich herbeigeführten Schaden.

Nach § 12 Abs. 1 VVG verjähren die Ansprüche aus dem Versicherungsvertrag in 2 Jahren, bei der Lebensversicherung in 5 Jahren. Nach Abs. 2 ist die Verjährung bei Anmeldung eines Anspruchs durch den Versicherungsnehmer gehemmt bis zum Eingang der schriftlichen Entscheidung des Versicherers. Nach Abs. 3 besteht nach schriftlicher Ablehnung des Anspruchs eine Ausschlußfrist von sechs Monaten, auf welche der Versicherer den Versicherungsnehmer hinweisen muß.

Die Gegenleistung des Versicherungsnehmers für den Versicherungsschutz heißt, wie in § 1 VVG geregelt, Prämie (bei Versicherungsvereinen auf Gegenseitigkeit: Beitrag). Wird eine Folge-Prämie nicht gezahlt, so kann nach § 39 Abs. 2 VVG der Versicherer von der Leistungspflicht frei sein. Voraussetzung ist eine qualifizierte Mahnung nach § 39 Abs. 1 VVG.

Zu den Obliegenheiten des Versicherungsnehmers gehören vorvertragliche Anzeigepflichten (§§ 16 bis 22 VVG), die Gefahrstandspflicht und die Pflicht zur Anzeige einer Gefahrerhöhung nach §§ 23 bis 29 VVG, und nach § 33 VVG besteht die Obliegenheit des Versicherungsnehmers, nach Kenntniserlangung vom Eintritt eines Versicherungsfalles unverzüglich diesen anzuzeigen. Nach § 34 VVG kann dann der Versicherer Auskünfte und Belege verlangen.

In der Regel sind beim Zustandekommen des Versicherungsvertrages besondere Versicherungsvermittler (Versicherungsvertreter, Versicherungsmakler) beteiligt.

Die Rechtsprechung hat aus Verbraucherschutz-Erwägungen auch ohne entsprechende gesetzliche Vorschriften die Haftung des Versicherers für Zusicherungen der Versicherungs-Agenten festgelegt (BGHZ 84, 268; 102, 194; 111, 44).

Einer immer wieder vorgebrachten Forderung der Verbraucherorganisationen, den Verbrauchern beim Abschluß von Versicherungsverträgen ein Widerrufsrecht zumindest analog § 1 HaustürWG zu geben, hat der Gesetzgeber für längerfristige Versicherungsverträge in § 8 Abs. 4 VVG entsprochen, allerdings mit nicht unerheblichen Einschränkungen; das Widerrufsrecht besteht nämlich dann nicht, wenn der Versicherer auf Wunsch des Versicherungsnehmers sofortigen Versicherungsschutz gewährt.

Nach ständiger Rechtsprechung unterliegen Allgemeine Geschäftsbedingungen der Versicherer auch dann der Inhaltskontrolle nach dem AGBG, wenn sie nach § 155 VAG vom BAV genehmigt wurden. In letzter Zeit wird insbesondere die Zulässigkeit von Klauseln diskutiert, wonach die Versicherungsverträge den Versicherungsnehmer sehr lange, nämlich zehn Jahre lang binden. Hierzu gibt es einander widersprechende Entscheidungen von Oberlandesgerichten (vgl. **o.V.** 1993 c, S. 3). Eine Entscheidung des BGH ist zum Zeitpunkt des Abschlusses des Manuskripts dieses Buches noch nicht ergangen.

Eine Klausel, welche vor kürzerer Zeit an der Inhaltskontrolle nach § 9 AGBG gescheitert ist, ist die Wissenschaftsklausel in § 5 Abs. 1f der Versicherungsbedingungen der Privaten Krankenversicherer. Nach dieser Klausel bestand keine Leistungspflicht der Krankenversicherer für „wissenschaftlich nicht allgemein anerkannte" Untersuchungs- und Behandlungsmethoden und Arzneimittel. (BGH NJW 1993, 2369)

2. Versicherungsaufsicht

Das Recht der Versicherungsaufsicht (*Schmidt/Frey* 1989) wird im Zuge von Umsetzungen von EG-Richtlinien in das deutsche Recht erhebliche Änderungen erfahren, welche zur Zeit aber nicht im einzelnen absehbar sind.

Gegenwärtig gelten noch die folgenden Regelungen:

Der Aufsichtszweck, Wahrung der Belange der Versicherten, insbesondere Gewährleistung der dauernden Erfüllbarkeit der Versicherungsverträge durch die Versicherungsunternehmen, soll nach deutschem Aufsichtsrecht grundsätzlich durch Erlaubniszwang und umfassende laufende Aufsicht erreicht werden.

Der Gesetzgeber hat sich für eine präventive Aufsicht entschieden; die Aufsichtsbehörde soll dafür sorgen, daß es zu Beeinträchtigungen der Versicherteninteressen gar nicht erst kommt. Versicherungsgeschäfte dürfen daher in der Regel erst dann betrieben werden, wenn das Versicherungsunternehmen über eine aufsichtsbehördliche Erlaubnis verfügt, mit der die Unbedenklichkeit des beabsichtigten Betriebes bescheinigt wird (§§ 5 Abs. 1, 105 Abs. 1 VAG). Der Gesetzgeber hat diesen präventiven Schutz für so wichtig angesehen, daß er ihn strafrechtlich abgesichert hat (§§ 134, 140 VAG). Die strafrechtlichen Schutzvorschriften werden ergänzt durch die Ordnungswidrigkeitenbestimmung des § 144a Abs. 1 Nr. 1 VAG. Unternehmen, die ohne die erforderliche Erlaubnis Versicherungsgeschäfte betreiben, kann die Aufsichtsbehörde nach § 81 Abs. 2 Satz 1 VAG den Geschäftsbetrieb untersagen und diese Entscheidung mit den ihr gegebenen Zwangsmitteln durchsetzen. Versicherungsverträge, die mit einem Versicherungsunternehmen geschlossen werden, das nicht die Erlaubnis besitzt, sind zivilrechtlich wirksam; die Vorschrift des § 134 BGB findet keine Anwendung.

Die Erlaubnis wird für jede Versicherungssparte gesondert erteilt; sie kann auch für mehrere Sparten – unter gemeinsamer Bezeichnung – erteilt werden, sofern nicht der Grundsatz der Spartentrennung (§ 8 Abs. 1a VAG) verletzt wird. Die Erlaubnis wird für den Geltungsbereich des Gesetzes erteilt, es sei denn, der Geschäftsplan sieht eine räumliche Begrenzung oder Erweiterung vor; eine zeitliche Beschränkung der Erlaubnis ist unzulässig, sofern nicht der Geschäftsplan etwas anderes vorsieht (§ 6 Abs. 1 VAG). Will ein einmal für eine oder mehrere Sparten zugelassenes Versicherungsunternehmen den Betrieb auf weitere Sparten ausdehnen oder will es seinen räumlichen Geschäftsbereich ändern, so bedarf es hierfür keiner Erlaubnis; es handelt sich dann um eine – allerdings auch genehmigungsbedürftige – Geschäftsplanänderung (§ 13 Abs. 2, 3 VAG). Das gilt nicht für ausländische Versicherungsunternehmen (vgl. §§ 106a Abs. 2, 106b Abs. 3 VAG).

Versicherungsunternehmen sind in Form handelsrechtlicher juristischer Personen, insbesondere als Aktiengesellschaft, in Form öffentlich-rechtlicher Wettbewerbsunternehmen oder in Form des Versicherungsvereins auf Gegenseitigkeit (VVaG) tätig.

Für letztere hat die Erlaubnis durch das BAV rechtsgestaltende Wirkung; mit ihrer Erteilung erlangt der VVaG die Rechtsfähigkeit (§ 15 VAG).

Das Bundesaufsichtsamt hat sich immer mehr zu einer Verbraucherschutzbehörde entwickelt. Dementsprechend bearbeitet es zunehmend – derzeit jährlich rund 30000 – Beschwerden von Versicherungsnehmern (vgl. o. V. 1992 a, S. 26):

„Hauptbeschwerde-Ursachen mit einem Anteil von 34 Prozent waren bundesweit Probleme bei der Beendigung der Verträge. Die Beschwerdeführer wollten in der Mehrzahl der Fälle ihre Verträge vorzeitig beenden oder ganz vom Vertrag zurücktreten, weil sie sich zum Beispiel falsch beraten fühlten, sich mit unseriösen Methoden zur Unterschrift veranlaßt sahen oder in finanzielle Schwierigkeiten geraten waren. Zwei weitere große Beschwerdebereiche stellten Schwierigkeiten bei der Abwicklung von Schadenfällen (28 Prozent) und Fragen im Zusammenhang mit dem Vertragsverlauf (24 Prozent) dar. Etwa 15 Prozent der Beschwerden hatten mit der Vertragsanbahnung und dem Vertragsabschluß zu tun.

Die meisten Beschwerden betrafen die Lebensversicherung (23 Prozent). Sowohl im Osten als auch im Westen hatten hier die Versicherungsnehmer häufig Probleme bei der Auflösung der Verträge. An zweiter Stelle steht die private Krankenversicherung (19 Prozent). Hier kamen die Beschwerden ganz überwiegend aus den alten Bundesländern. Die Bürger beschwerten sich hauptsächlich über Prämienanpassungen.

Von den 1991 eingegangenen Eingaben konnten, so das BAV, bereits rund 30000 bearbeitet werden. Dabei handelte es sich um etwa 25000 Beschwerden und rund 5000 Anfragen. Den Beschwerdeführern konnte in 38 Prozent aller Fälle geholfen werden, sei es, daß die Beschwerden begründet waren (13 Prozent), sei es, daß das betroffene Versicherungsunternehmen dem Beschwerdeführer entgegenkam (25 Prozent). Von den Beschwerden über Vertragsanbahnung und -abschluß waren immerhin 20 Prozent begründet, und in weiteren 40 Prozent dieser Fälle wurde den Beschwerden durch die Versicherer abgeholfen.

Bei regional differenzierter Betrachtungsweise zeigt sich, daß in den neuen Bundesländern rund 29 Prozent der Beschwerden begründet waren und in 38 Prozent der Fälle durch die Versicherer geholfen wurde, so daß in den neuen Bundesländern den Beschwerden der Bürger in 67 Prozent der Fälle abgeholfen werden konnte."

§ 9. Reisevertragsrecht

Fall: Der Kläger buchte bei der beklagten Reiseveranstalterin eine dreiwöchige Pauschalflugreise nach Gran Canaria für die Zeit ab 21. April 1982 zum Preis von 1404 DM. In der Frühe des Rückreisetags (11. Mai 1982) stürzte er von dem Balkon seines Zimmers im Obergeschoß des Vertragshotels der Beklagten; das Holzgeländer der Balkonbrüstung hatte sich gelöst. Der Kläger erlitt u. a. einen Trümmerbruch des rechten Oberschenkels, der zunächst in Spanien und dann in der Bundesrepublik behandelt werden mußte. Er konnte seinen gelernten Beruf nicht mehr ausüben. (BGHZ 193, 299)

Literatur: *Tonner* 1986

Gegenstand dieses Paragraphen

Zu den traditionellen Vertragstypen des BGB (Kaufvertrag, Werkvertrag, Dienstvertrag usw.) kamen im Zuge verbraucherpolitischer Aktivitäten neue Vertragstypen mit Regelungen hinzu, von denen nicht zu Lasten der Verbraucher abgewichen werden darf (sogenannte halbzwingende Vorschriften). Einer dieser neuen Vertragstypen ist der Reisevertrag. Nicht zum Vertrags-Typ Reisevertrag gehören Reise-Einzelleistungs-Verträge, welche nicht ein Bündel von Reiseleistungen, sondern die Beförderung zum Reiseort oder die Unterkunft oder die Verpflegung am Reiseort oder andere einzelne Leistungen betreffen.

Rechtsquellen

Die Rechtsbeziehungen der Beteiligten beim Konsum des Produkts „Reise" sind, was Pauschalreisen betrifft, im bürgerlichen Gesetzbuch (BGB) in den §§ 651 a ff speziell geregelt. Geprägt wird auch dieses Rechtsgebiet durch die Normsetzung der Europäischen Gemeinschaft. Die einschlägige EG-Richtlinie 90/314 (*Tonner* 1990, 409) vom 13. 6. 1990 (EG-ABl. Nr. L 158, S. 59 ff) hätte bis zum 31. Dezember 1992 in das deutsche Recht umgesetzt werden müssen, was aber bis zum Zeitpunkt des Abschlusses des Manuskripts dieses Lehrbuchs noch nicht geschehen ist. Im Zusammenhang mit Schäden deutscher Urlauber infolge einer Zahlungsunfähigkeit ihres Reiseveranstalters ist im übrigen ein Rechtsstreit gegen die Bundesrepublik Deutschland rechtshängig, weil bei rechtzeitiger Umsetzung der EG-Richtlinie eine Sicherung für den Insolvenzfall zwingend vorgesehen gewesen wäre (o. V. 1993 a, S. 1060).

Allgemeine Reisebedingungen von Reiseveranstaltern sind Gegenstand von Inhaltskontrollverfahren nach dem AGBG (s. hierzu auch § 1, Abschnitt 4.) gewesen.

Entstehen dem Reisenden Schäden an Leben, Gesundheit oder Eigentum, kommen Ersatzansprüche nicht nur auf der Grundlage des Reisevertragsrechts, sondern auch aus unerlaubter Handlung nach §§ 823ff BGB in Betracht.

1. Reisevertrag

Durch den Reisevertrag wird der Reiseveranstalter verpflichtet, dem Reisenden eine Gesamtheit von Reiseleistungen zu erbringen (§ 651a BGB), also z.B. Flug zum Urlaubsort und Unterkunft sowie Verpflegung und Kulturprogramm am Urlaubsort. Kein Reisevertrag im Sinne des Reisevertragsrechts ist ein Vertrag über eine Reise-Einzelleistung, also z.B. nur über die Beförderung. Die Rechtsprechung hat allerdings das Reisevertragsrecht auch analog angewendet, wenn allein die Bereitstellung eines Ferienhauses oder einer Ferienwohnung Vertragsinhalt ist (BGH NJW 1985, 906).

Der Leistungsinhalt ergibt sich aus der Leistungsbeschreibung im Katalog und der Reisebestätigung (*Tonner* 1986 § 651a Anm. 13). Die Reisebestätigung enthält beispielsweise Reisedatum, Beförderungsart, Hotelkategorie und gebuchte Nebenleistungen, während sich die Beschreibung im einzelnen aus dem Katalog ergeben wird. Bei den Angaben im Katalog wird dem Reisenden nicht zugemutet, zwischen den Zeilen zu lesen, z.B. zu verstehen, daß die Angabe „zentrale Lage" Verkehrslärm bedeutet.

Der Reiseveranstalter schuldet Leistungen mittleren Standards; wenn im Reiseland ein niedriger Standard landesüblich ist und der Reiseveranstalter nur diesen anbietet, so muß dies aus dem Prospekt hervorgehen. Allein ein Hinweis in Allgemeinen Geschäftsbedingungen entlastet den Veranstalter nicht (BGHZ 100, 157, 173).

Ein Leistungsänderungsvorbehalt in Allgemeinen Geschäftsbedingungen stellt einen Verstoß gegen § 10 Nr. 4 AGBG dar, außer, die Leistungsänderung ist nicht vom Reiseveranstalter herbeigeführt, sie ist nicht erheblich und sie beeinträchtigt den Gesamtzuschnitt der Reise nicht (*Staudinger-Schwerdtner* § 651c Rz. 45).

Preisänderungsvorbehalte in Allgemeinen Geschäftsbedingungen von Reiseveranstaltern sind nur wirksam, wenn sichergestellt wird, daß dem Kunden die Gründe wie unvorhersehbare Flugpreiserhöhungen mitgeteilt werden. Im übrigen ist § 11 Nr. 1 AGBG zu berücksichtigen, das heißt, es muß geregelt sein, daß keine Preisänderungen vorgenommen werden, wenn zwischen Reisebestätigung und Reiseantritt höchstens vier Monate liegen.

Die Klausel in Allgemeinen Reisebedingungen, daß nach Leistung einer Anzahlung auf den Reisepreis bei Vertragsabschluß „weitere Zahlungen zu den vereinbarten Terminen, die Restzahlungen spätestens bei Aushändigung oder Zugang der Reiseunterlagen fällig werden", benachteiligt den Reisekunden entgegen den Geboten von Treu und Glauben unangemessen und ist daher nach § 9 Abs. 1 AGBG unwirksam (BGHZ 100, 157). Der **Bundesgerichtshof** (aaO., 169ff) berücksichtigt bei der Interessen- und Risikoabwägung, daß gemäß dieser Klausel der Kunde – anders als nach Werkvertragsrecht – in Vorleistung treten soll, ohne etwas in die Hand zu bekommen, welches ein verbrieftes Recht auf die Leistungen der Vertragspartner des Reiseveranstalters sichert.

Nach § 651 h Abs. 1 BGB darf – und zwar auch in Allgemeinen Reisebedingungen – die Haftung des Reiseveranstalters für sämtliche Schadensersatzansprüche auf den dreifachen Reisepreis beschränkt werden, nicht aber für Schadensersatzansprüche aus unerlaubter Handlung. Eine Klausel, die dies nicht beachtet, ist unwirksam. (BGH aaO., 158)

2. Abhilfeanspruch, Kündigung

Wenn die Reise mit Fehlern behaftet ist, die den Wert oder die Tauglichkeit zu dem gewöhnlichen oder nach dem Vertrage vorausgesetzten Nutzen aufheben oder mindern, kann der Reisende Abhilfe verlangen oder, wenn dies nicht innerhalb einer angemessenen Frist erfolgt, selbst auf Kosten des Veranstalters Abhilfe schaffen, § 651 c BGB. Hierbei sind Ausschluß- und Verjährungsfristen nach § 651 g BGB zu beachten.

3. Reisepreisminderung

Ist die Reise im vorgenannten Sinne mangelhaft und hat der Reisende den Mangel (erfolglos) angezeigt, so gibt § 651 d BGB ein Recht auf Minderung des Reisepreises. Anhand der von Gerichten, welche häufig einschlägige Streitigkeiten zu entscheiden haben, getroffenen Entscheidungen zur Höhe der Minderung werden entsprechende Übersichten veröffentlicht (LG Frankfurt/Main NJW 1985, 113). Ein vollständiger Ausfall der am Urlaubsort vertraglich zugesagten Verpflegung mindert danach beispielsweise den Wert der Reise um 50 Prozent, ein eintöniger Speisezettel um 5 Prozent.

§ 10. Lebensmittelrecht und angrenzende Gebiete

Fall: Verbraucher V kauft ein in Kunststoff verpacktes Lebensmittel. Beim Verzehr meint er, einen von der Verpackung herrührenden Fremdgeschmack des Lebensmittels wahrzunehmen, und er fragt sich, was er tun kann, um sich und andere Verbraucher vor eventuellen mit dem Übertritt von Gefahrstoffen in das Lebensmittel aus der Verpackung verbundenen Gesundheitsgefahren zu schützen.

Literatur: *Zipfel* 1993; *Bülow* 1990

Gegenstand dieses Paragraphen

Der Verkehr mit Lebensmitteln, Kosmetika, Tabakerzeugnissen und sogenannten Bedarfsgegenständen ist teilweise sehr detailliert durch Gesetze, Verordnungen und EG-Verordnungen geregelt. Diese dienen dem Schutz der Verbraucher vor Gesundheitsgefahren und vor Irreführung, sie dienen aber wohl teilweise auch den Interessen der Lebensmittelwirtschaft.

Der Verkehr mit Lebensmitteln und anderen Produkten der genannten Art ist rechtlich nicht in der Weise eingeschränkt, daß ein staatliches Zulassungsverfahren dem Markteintritt vorangeschaltet wäre (dies ist aber für den Arzneimittelverkehr der Fall, s. § 11). Vielmehr besteht grundsätzlich freie Verkehrsfähigkeit dieser Produkte.

Rechtsquellen

Es gibt eine Fülle von lebensmittelrechtlichen Vorschriften, wobei das Lebensmittel- und Bedarfsgegenständegesetz (LMBG) eine zentrale Rolle einnimmt. Geregelt wird die Beschaffenheit von Lebensmitteln (beispielsweise hinsichtlich der Zusatzstoffe oder der Rückstände von Insektengiften, welche beim Anbau von Pflanzen, aus denen Lebensmittel hergestellt werden, verwendet werden), und geregelt werden Informationen über Lebensmittel (auf Verpackungen, in der Werbung und anderswo). Es gibt Straf- und Ordnungswidrigkeits-Tatbestände, und es gibt Vorschriften zur staatlichen Lebensmittelüberwachung.

Das LMBG regelt nicht nur den Verkehr mit Lebensmitteln, sondern auch den Verkehr mit Kosmetika, Tabakwaren und Bedarfsgegenständen.

Eine Reihe von an das LMBG anknüpfenden Verordnungen regelt Einzelheiten zur Lebensmittelkennzeichnung, zu Lebensmittel-Zusatzstoffen und anderem mehr.

Spezialgesetzlich geregelt sind unter anderem Vermarktungsbedingungen für Bier (Bundesgesetz), für Eier (EG-Verordnung), für Fische und Fischwaren (Bundesgesetz), für Milch, Milcherzeugnisse, Margarineerzeugnisse und ähnliche Erzeugnisse (Bundesgesetze), für Wein (EG-Verordnung und Bundesgesetz), für Zucker (Bundesgesetz).

1. Begriffsbestimmungen

Lebensmittel im Sinne des LMBG „sind Stoffe, die dazu bestimmt sind, in unverändertem, zubereitetem oder verarbeitetem Zustand von Menschen verzehrt zu werden; ausgenommen sind Stoffe, die" – wie Arzneimittel – „überwiegend dazu bestimmt sind, zu anderen Zwecken als zur Ernährung oder zum Genuß verzehrt zu werden" (§ 1 Abs. 1 LMBG).

Kosmetische Mittel im Sinne des LMBG „sind Stoffe oder Zubereitungen aus Stoffen, die dazu bestimmt sind, äußerlich beim Menschen oder in seiner Mundhöhle zur Reinigung, Pflege oder zur Beeinflussung des Aussehens oder des Körpergeruchs oder zur Vermittlung von Geruchseindrücken angewendet zu werden, es sei denn, daß sie überwiegend dazu bestimmt sind, Krankheiten, Leiden, Körperschäden oder krankhafte Beschwerden zu lindern oder zu beseitigen" (§ 4 Abs. 1 LMBG).

Tabakerzeugnisse im Sinne des LMBG „sind aus Rohtabak oder unter Verwendung von Rohtabak hergestellte Erzeugnisse, die zum Rauchen, Kauen oder Schnupfen bestimmt sind" (§ 3 Abs. 1 LMBG).

Bedarfsgegenstände sind nach § 5 LMBG unter anderem Lebensmittel-Umhüllungen (§ 5 Abs. 1 Nr. 1 LMBG), Bekleidung (§ 5 Abs. 1 Nr. 6 LMBG), Reinigungsmittel (§ 5 Abs. 1 Nr. 7a LMBG) und Spielzeug (§ 5 Abs. 1 Nr. 5 LMBG).

Zu Abgrenzungsproblemen der im LMBG genannten Produkte untereinander und zu Arzneimitteln s. *Bülow* 1988. Für die relevanten Abgrenzungen entscheidend ist die jeweilige (Haupt-)Zweckbestimmung des Produkts (Beispiel: Verzehr zum Genuß als Zweckbestimmung führt zur Einordnung als Lebensmittel, Verzehr zu Heilzwecken führt wegen § 2 Abs. 1 AMG zur Einordnung als Arzneimittel). Hierbei kommt es nicht nur darauf an, mit welcher Zweckbestimmung die Produkte vom Hersteller in den Verkehr gebracht werden. Entscheidend ist vielmehr die sog. objektive Zweckbestimmung. Für diese ist nicht allein entscheidend, zu welchen Zwecken aus Expertensicht ein Produkt geeignet ist, sondern maßgeblich ist die allgemeine Verkehrsauffassung. Ob nach der allgemeinen Verkehrsauffassung ein Produkt als Arzneimittel einzustufen ist oder aber als Lebensmittel bzw. Kosmetikum, wird unter anderem durch die Darbietung und Aufmachung bestimmt, mit welcher das Produkt in den Verkehr gebracht wird.

2. Verkehr mit Lebensmitteln

„Es ist verboten,

1. Lebensmittel für andere derart herzustellen oder zu behandeln, daß ihr Verzehr geeignet ist, die Gesundheit zu schädigen;
2. Stoffe, deren Verzehr geeignet ist, die Gesundheit zu schädigen, als Lebensmittel in den Verkehr zu bringen" (§ 8 LMBG).

Entsprechend den Ermächtigungen der §§ 9ff LMBG wurden Verordnungen zum Schutz der Gesundheit erlassen, welche beispielsweise Pflanzenschutzmittel-Rückstände verbieten über die Anteile hinaus, welche als Höchstmengen festgelegt sind, oder welche den Verkehr mit vom Tier gewonnenen Lebensmitteln verbieten, wenn den Tieren bei der Fütterung bestimmte Stoffe mit pharmakologischer Wirkung zugeführt wurden. Auch für die Verwendung von Lebensmittel-Zusatzstoffen bestehen detaillierte Regelungen.

Neben dem Schutz der Gesundheit der Verbraucher ist der Schutz vor Irreführung der Verbraucher das Ziel der Lebensmittel-Gesetzgebung. Nach § 17 LMBG dürfen beispielsweise ohne ausreichende Kenntlichmachung gewerbsmäßig solche Lebensmittel nicht in den Verkehr gebracht werden, „die geeignet sind, den Anschein einer besseren als der tatsächlichen Beschaffenheit zu erwecken", oder „die hinsichtlich ihrer Beschaffenheit von der Verkehrsauffassung abweichen und dadurch in ihrem Wert, insbesondere in ihrem Nähr- oder Genußwert oder in ihrer Brauchbarkeit nicht unerheblich gemindert sind", § 17 Abs. 1 Nr. 2 LMBG. Ebenfalls verboten ist es, „Lebensmittel unter irreführender Bezeichnung, Angabe oder Aufmachung gewerbsmäßig in den Verkehr zu bringen oder für Lebensmittel allgemein oder im Einzelfall mit irreführenden Darstellungen oder sonstigen Aussagen zu werben, § 17 Abs. 1 Nr. 5 LMBG.

Wegen dieser Regelungen ist für die Verkehrsfähigkeit von Lebensmitteln die berechtigte Verbrauchererwartung maßgeblich. Diese wird geprägt von Rechtsnormen über die Beschaffenheit von Lebensmitteln. Fehlen einschlägige Rechtsnormen, so kommt es wesentlich auf die die Verbrauchererwartung prägende allgemeine Verkehrsauffassung an. Diese ist u.a. festgehalten

- in den Leitsätzen des Deutschen Lebensmittelbuchs (§§ 33f LMBG),
- in Richtlinien der anbietenden Wirtschaft,
- in Kochbüchern.

Für die gerichtliche Feststellung der berechtigten Verbrauchererwartung mag die Erwartung des Tatrichters heranzuziehen sein, wenn dieser zu den angesprochenen Verbraucherkreisen gehört. Vielfach verwenden die Gerichte als Beweismittel das Zeugnis oder das Sachverständigengutachten von Experten aus dem Kreis der Lebensmittelüberwachungsbehörden.

Nach der Rechtsprechung des **Europäischen Gerichtshofes** gebietet es Art. 30 des EWG-Vertrags, daß ein Lebensmittel, welches in einem EG-Staat rechtmäßig hergestellt und in den Verkehr gebracht wurde, auch in den anderen EG-Staaten verkehrsfähig sein muß, es sei denn, dringende Belange (etwa des Gesundheitsschutzes) sprechen dagegen. Eine Leit-Entscheidung war die Rechtssache „Cassis de Dijon" (EuGH Zeitschrift für das gesamte Lebensmittelrecht 1979, S. 343): das in Frankreich vermarktete Produkt war nach deutschem Recht in Deutschland nicht verkehrsfähig, weil es weniger Alkohol enthielt, als dies für derartige Getränke vorgeschrieben war; der **Europäische Gerichtshof** erklärte das deutsche Importverbot für rechtswidrig.

Wenn die Bezeichnung oder Aufmachung des eingeführten Lebensmittels geeignet ist, Verbraucher des Importlandes aufgrund der im Importland vorhandenen Verbrauchererwartungen über die tatsächliche Beschaffenheit irrezuführen, so soll dies nicht zu Importverboten führen dürfen, sondern der Irreführung soll durch eine angemessene Kenntlichmachung entgegengewirkt werden (vgl. Mitteilung der **EG-Kommission** im EG-ABl. Nr. C 270/2 vom 15. 10. 1991).

Wegen des Vorrangs des EWG-Vertrags vor einzelstaatlichen Regelungen, der sich aus Art. 25 GG ergibt, führt bei importierten Lebensmitteln aus dem EG-Ausland die Anwendung des § 17 LMBG kaum zu Verkehrsverboten solcher Produkte, die den Erwartungen deutscher Verbraucher nicht entsprechen, sondern (nur) zur Verpflichtung des Inverkehrbringers, die Abweichung von der deutschen Verbrauchererwartung durch die Kennzeichnung (etwa die Verkehrsbezeichnung, § 4 LMKV) hinreichend deutlich zu machen.

Nur wenn durch die eingeführten Produkte gesundheitliche Gefahren drohen, kann die Einfuhr verwehrt werden, § 47a LMBG.

Um die Verbraucher zutreffend über die Beschaffenheit von Lebensmitteln zu informieren, bestehen Produkt-bezogene, sogenannte vertikale Regelungen (so etwa für Kakao sowie Kakaoerzeugnisse (§ 1 Abs. 3 Nr. 1 LMKV), für Kaffee- und Zichorienextrakte (§ 1 Abs. 3 Nr. 2 LMKV), oder für Eier (EWG-VO Nr. 1907/90 über bestimmte Vermarktungsnormen für Eier) und sogenannte horizontale Regelungen, welche Produktarten übergreifend für eine Vielzahl von Lebensmittel-Arten gelten.

Nach der Lebensmittel-Kennzeichnungs-Verordnung (LMKV) sind für Lebensmittel in Fertigpackungen (s. § 12 dieses Buches) folgende Angaben vorgeschrieben: die Verkehrsbezeichnung (§ 4 LMKV), der Inverkehrbringer (§ 3 Abs. 1 Nr. 2 LMKV), die Zutaten (§§ 5f LMKV) und das Mindesthaltbarkeitsdatum oder das Verbrauchdatum (§§ 7, 7a LMKV) (detaillierte Erläuterungen zur Kennzeichnung finden sich etwa bei *Bülow* 1990).

Die Angaben sind auf der Fertigpackung oder einem mit ihr verbundenen Etikett an gut sichtbarer Stelle, in deutscher Sprache, leicht veständlich deutlich lesbar und unverwischbar anzubringen (§ 3 Abs. 3 Satz 1 LMKV).

„Werden eine oder mehrere Zutaten, die für die Merkmale des Lebensmittels wichtig sind, besonders hervorgehoben, ist“ gemäß § 8 LMKV „die Mindestmenge, bei entsprechender Hervorhebung eines geringen Gehalts die Höchstmenge der verwendeten Zutaten in Gewichtshundertteilen anzugeben.“

Die Tätigkeit der für die Lebensmittelüberwachung zuständigen Behörden ist in §§ 40ff LMBG geregelt (vgl. ausführlich *Huth u.a.* 1989, S. 311ff).

Verstöße gegen die lebensmittelrechtlichen Vorschriften sind als Straftatbestände oder Ordnungswidrigkeiten nach §§ 51ff LMBG geregelt.

Für einige Lebensmittel wurden in verbindlicher Weise auch die Handelsklassen geregelt, welche im allgemeinen nicht rechtlich festgelegt sind. Die Rechtsgrundlage stellen das Handelsklassengesetz und gemäß dessen § 2 erlassene Rechtsverordnungen oder EG-Verordnungen dar. So legt die EG-Verordnung 487/90 in von Verbraucherverbänden kritisierter Weise Mindestgrößen von Äpfeln fest (o.V. 1990, S. 204).

3. Verkehr mit Tabakerzeugnissen, kosmetischen Mitteln und Bedarfsgegenständen

Ähnlich wie für Lebensmittel, aber weit weniger detailliert als für Lebensmittel, bestehen Vorschriften zum Schutz der Gesundheit der Verbraucher oder zum Schutz vor Irreführung für die Tabakerzeugnisse (§§ 20ff LMBG), die kosmetischen Mittel (§§ 24ff LMBG) und für Bedarfsgegenstände (§§ 30ff LMBG; im April 1992 erging die Bedarfsgegenständeverordnung).

§ 11. Arzneimittelrecht

Fall: Arzneimittelhersteller H bringt ein in Dragee-Form einzunehmendes Mittel mit der Zweckbestimmung in den Verkehr, eine „gesunde“ braune Hautfärbung hervorzurufen. Er weiß, daß das Mittel in einigen Fällen kristall-förmige Ablagerungen im Auge der Verbraucher zur Folge hatte, hält diese aber für unschädlich. In einem weiteren Fall besteht der begründete Verdacht, daß durch die Folgen der Einnahme des Mittels erhebliche Seh-Störungen eingetreten sind.

Literatur: *Hart* u.a. 1988; *Strunz* 1987

Gegenstand dieses Paragraphen

Es ist immer noch die Contergan-Katastrophe, welche als hervorragender Beleg dafür angeführt wird, daß eine spezielle Arzneimittelsicherheitspolitik erforderlich ist. In wohl allen entwickelten Staaten, in einigen schon lange Zeit vor der Contergan-Katastrophe, gibt es Regulierungen der Arzneimittelmärkte, insbesondere ein staatliches Zulassungsverfahren für Arzneimittel.

Rechtsquellen

Die wesentlichen gesetzlichen Regelungen sind im Arzneimittelgesetz (AMG) festgelegt. Für die Werbung für Arzneimittel (aber auch für andere Mittel, Behandlungen und Gegenstände) enthält das Heilmittelwerbegesetz (HWG) eine Reihe von Gebots- und Verbotsregelungen. Für die ärztliche Verordnung einiger Arzneimittel ist das Betäubungsmittelgesetz von Bedeutung; dies wird im folgenden aber nicht weiter erörtert. Auch die preisrechtlichen Regelungen, welche für einen einheitlichen Abgabe-Preis der apothekenpflichtigen Arzneimittel sorgen, und das Apotheken- und Apothekerrecht sollen hier nur erwähnt werden.

1. Arzneimittelbegriff

Arzneimittel sind typischerweise „Stoffe und Zubereitungen aus Stoffen, die dazu bestimmt sind, durch Anwendung am oder im menschlichen oder tierischen Körper ... Krankheiten, Leiden, Körperschäden oder krankhafte Beschwerden zu heilen, zu lindern, zu verhüten oder zu erkennen" (§ 2 Abs. 1 Nr. 1 AMG). Weitere Zweckbestimmungen, die eine rechtliche Einordnung von Stoffen oder Zubereitungen unter den Arzneimittelbegriff nach sich ziehen, sind in § 2 Abs. 1 Nrn. 2 bis 5 AMG geregelt.

§ 2 Abs. 2 AMG stellt weitere Gegenstände, Stoffe oder Zubereitungen, beispielsweise Implantate, den Arzneimitteln gleich.

Die Zweckbestimmung ergibt sich aus der allgemeinen Verkehrsauffassung. Diese wiederum wird entscheidend dadurch geprägt, ob der Inverkehrbringer das jeweilige Produkt mit der Zweckbestimmung versieht, daß es geeignet ist, Krankheiten usw. zu heilen usw.

Es gibt die folgenden Abgrenzungsfragen (s. auch *Bülow* 1988):

- Arzneimittel oder Lebensmittel (§§ 1 Abs. 1 LMBG, 2 Abs. 3 Nr. 1 AMG)?
  (Beispielsweise Vitaminpräparate können Arzneimittel sein; dies ist der Fall, wenn sie zur Behandlung oder Vorbeugung krankhafter Vitaminmangelzustände bestimmt sind. Sie können Lebensmittel sein; dies ist der Fall, wenn sie dazu bestimmt sind, zur Ernährung oder zum Genuß verzehrt zu werden, vgl. § 1 Abs. 1 Satz 2. Halbsatz LMBG, vgl. ausführlich *Doepner* 1988; 1989).
- Arzneimittel oder Kosmetikum (§§ 4 LMBG, 2 Abs. 3 Nr. 3 AMG)?

2. Verbot bedenklicher Arzneimittel

§ 5 AMG verbietet das Inverkehrbringen bedenklicher Arzneimittel. „Bedenklich sind Arzneimittel, bei denen nach dem jeweiligen Stand der wissenschaftlichen Erkenntnisse der begründete Verdacht besteht, daß sie bei bestimmungsgemäßem Gebrauch schädliche Wirkungen haben, die über ein nach den Erkenntnissen der medizinischen Wissenschaft vertretbares Maß hinausgehen" (§ 5 Abs. 2 AMG). Verstöße gegen das Verbot werden als Straftat nach § 95 Abs. 1 Nr. 1 AMG geahndet.

3. Arzneimittel-Zulassung

Das Inverkehrbringen von Fertigarzneimitteln (das sind nach § 4 Abs. 1 AMG Arzneimittel, welche „im voraus hergestellt und in einer zur Abgabe an den Verbraucher bestimmten Packung in den Verkehr gebracht werden") ist nur erlaubt, wenn diese in einem Zulassungsverfahren zugelassen wurden. Allerdings gibt es hiervon Ausnahmen bei den lediglich registrierungs-pflichtigen homöopathischen Arzneimitteln (§ 38 Abs. 1 AMG). Ferner wurden 1976 großzügige Übergangsvorschriften für solche Fertig-Arzneimittel geschaffen, welche am 31. 12. 1977 verkehrsfähig waren, und spätere Novellierungen haben diese Übergangsregelungen (Art. 3 § 7 des Gesetzes zur Neuordnung des Arzneimittelrechts, dessen Art. 1 das Arzneimittelgesetz darstellt) weiter gelockert. Dies führt im Ergebnis dazu, daß noch heute derartige Alt-Arzneimittel im Verkehr sind, ohne in einem Zulassungsverfahren geprüft worden zu sein. Mit Art. 4 der EG-Richtlinie 75/319 ist dies nicht vereinbar, ohne daß dies bislang von der EG-Kommission förmlich beanstandet worden wäre.

Für das Zulassungsverfahren ist die oberste Bundesbehörde zuständig (§ 21 Abs. 1 AMG); diese ist für Sera und Impfstoffe das Paul-Ehrlich-Institut in Frankfurt, für die anderen Fertigarzneimittel das Bundesgesundheitsamt in Berlin (§ 77 AMG).

Die Dauer des Zulassungsverfahrens ist mit vier, in besonderen Fällen mit sieben Monaten festgelegt (§ 27 Abs. 1 AMG). In der gegenwärtigen, mehrfach gerichtlich beanstandeten Praxis sind Verfahrensdauern von mehreren Jahren durchaus üblich.

Das Zulassungsverfahren beschränkt sich in aller Regel auf die Überprüfung von vom Antragsteller eingereichten Unterlagen. Die Unterlagen müssen die analytische Prüfung, die pharmakologisch-toxikologische Prüfung und die klinische Prüfung (§ 22 Abs. 2 AMG) dokumentieren. Auf Erteilung der Zulassung hat der Antrag einen Anspruch, außer „wenn

1. die vorgelegten Unterlagen unvollständig sind,
2. das Arzneimittel nicht nach dem jeweils gesicherten Stand der wissenschaftlichen Erkenntnisse ausreichend geprüft worden ist,
3. das Arzneimittel nicht die nach den anerkannten pharmazeutischen Regeln angemessene Qualität aufweist,
4. dem Arzneimittel die vom Antragsteller angegebene therapeutische Wirksamkeit fehlt oder diese nach dem jeweils gesicherten Stand der wissenschaftlichen Forschung vom Antragsteller unzureichend begründet ist,
5. bei dem Arzneimittel der begründete Verdacht besteht, daß es bei bestimmungsgemäßem Gebrauch schädliche Wirkungen hat, die über ein nach den Erkenntnissen der medizinischen Wissenschaft vertretbares Maß hinausgehen,“ § 25 Abs. 2 Satz 1 AMG, oder wenn einer der weiteren dort oder in Abs. 3 aufgeführten Gründe vorliegt.

Zulassungspflichtige Arzneimittel ohne Zulassung in den Verkehr zu bringen, ist eine Straftat gemäß § 96 Nr. 5 AMG (vgl. auch § 96 Nr. 6 AMG), bei fahrlässiger Begehung eine Ordnungswidrigkeit nach § 97 Abs. 1 AMG.

4. Arzneimittel-Überwachung

Die Bundesoberbehörde ist auch für die Beobachtung, Sammlung und Auswertung von Arzneimittelrisiken (§§ 62ff AMG) und für die Überwachung (§§ 64ff AMG) zuständig. Zu den Informationsgrundlagen der Bundesoberbehörde gehören Meldungen über Verdacht auf unerwünschte Wirkungen von Arzneimitteln aus der Ärzteschaft und der Apothekerschaft sowie die Meldungen des pharmazeutischen Unternehmers nach § 29 Abs. 1 Satz 2 AMG. Wenn hierbei nachträglich bekannt wird, daß Versagungsgründe nach § 25 vorliegen, ist nach Maßgabe des § 30 AMG die Zulassung zurückzunehmen oder zu widerrufen; es kann auch das Ruhen der Zulassung befristet angeordnet werden.

5. Beipackzettel

Zugelassene Fertigarzneimittel müssen mit einer Packungsbeilage versehen werden, welche in allgemeinverständlicher Form die für die Arzneimittelsicherheit erforderlichen Gebrauchsinformationen gibt, § 11 AMG. Die Rechtstatsachenforschung hat erhebliche Mängel bei der praktischen Umsetzung dieser Vorschrift deutlich gemacht sowie Möglichkeiten einer Verbesserung aufgezeigt (*Hohgräwe* 1987).

6. Verschreibungspflicht, Apothekenpflicht

Für eine Reihe von Arzneimitteln ist nach Maßgabe der §§ 43 bis 46 AMG als Vertriebsweg die Apotheke festgelegt. Soweit es aus Gründen der Arzneimittelsicherheit erforderlich ist, besteht Verschreibungspflicht nach Maßgabe der §§ 48ff AMG. Besondere ärztliche Verschreibungen gibt es für Arzneimittel, welche unter das Betäubungsmittelgesetz fallen, nach Maßgabe von dessen § 3.

7. Arzneimittel-Haftung

Die Produzentenhaftung für zum Gebrauch bei Menschen bestimmte Arzneimittel, die der Zulassungspflicht unterliegen (oder – im Falle der Standardzulassungen nach § 36 AMG – durch Rechtsverordnung von der Zulassung befreit worden sind) ist in den §§ 84ff AMG speziell geregelt. Die danach vorgesehene verschuldungsunabhängige Haftung besteht „nur, wenn

1. das Arzneimittel bei bestimmungsgemäßem Gebrauch schädliche Wirkungen hat, die über ein nach den Erkenntnissen der medizinischen Wissenschaft vertretbares Maß hinausgehen und ihre Ursache im Bereich der Entwicklung oder der Herstellung haben oder
2. der Schaden infolge einer nicht den Erkenntnissen der medizinischen Wissenschaft entsprechenden Kennzeichnung, Fachinformation oder Gebrauchsinformation eingetreten ist", § 84 AMG.

In Gesetzeskonkurrenz hierzu kann die verschuldensabhängige Produzentenhaftung nach §§ 823ff BGB bestehen.

Für die Haftung nach § 84 sind Höchstbeträge (§ 88 AMG) und eine Deckungsvorsorge (§ 94 AMG) geregelt.

Als Gerichtsstand regelt § 94a den Wohnsitz des Klägers.

8. Schutz der Probanden bei klinischen Prüfungen

Daß klinische Arzneimittelversuche einer Einwilligung des Probanden bedürfen sowie weitere Vorkehrungen zum Schutz der Probanden regeln §§ 40ff AMG.

9. Tier-Arzneimittel

Nicht nur die zum Gebrauch am Menschen bestimmten, sondern auch Tier-Arzneimittel sind – in weitgehend gleicher, aber teilweise modifizierter und ergänzter Weise – im AMG geregelt. Der maßgebliche Gesichtspunkt ist hier das Risiko, daß Menschen beim Verzehr von aus Tieren gewonnenen Lebensmitteln zu Schaden kommen könnten. Zur Abwehr ist insbesondere in § 23 AMG geregelt, daß Nachweisverfahren für Tier-Arzneimittel-Rückstände dokumentiert sein müssen.

10. Arzneimittelwerbung

Bei der Arzneimittelwerbung sind die allgemeinen Vorschriften des Gesetzes gegen den unlauteren Wettbewerb (UWG) zu beachten, s. § 3. Bei der Werbung durch Apotheker oder Ärzte kann das jeweilige, auf der Grundlage des Landes-Heilberufe-Gesetzes in der von der (Apotheker- bzw. Ärzte-)Kammer als Satzung erlassene, in der Berufsordnung niedergelegte Standesrecht bedeutsam sein.

Daneben gilt das Heilmittelwerbegesetz (HWG), wobei Verstöße gegen dessen Regelungen typischerweise damit auch gleichzeitig Verstöße gegen § 1 UWG, unter Umständen auch gegen § 3 UWG darstellen.

Das Heilmittelwerbegesetz gilt nach § 1 Abs. 1 HWG nicht nur für die Werbung für Arzneimittel, sondern auch für „andere Mittel, Verfahren,

Behandlungen und Gegenstände, soweit sich die Werbeaussage auf die Erkennung, Beseitigung oder Linderung von Krankheiten, Leiden, Körperschäden oder krankhaften Beschwerden bei Mensch oder Tier bezieht", § 1 Abs. 1 Nr. 2 HWG.

§ 3 HWG verbietet die irreführende Werbung. „Eine Irreführung liegt insbesondere dann vor,

1. wenn Arzneimitteln, Verfahren, Behandlungen, Gegenständen oder anderen Mitteln eine therapeutische Wirksamkeit oder Wirkungen beigelegt werden, die sie nicht haben,
2. wenn fälschlich der Eindruck erweckt wird, daß
   a) ein Erfolg mit Sicherheit erwartet werden kann,
   b) bei bestimmungsgemäßem oder längerem Gebrauch keine schädlichen Wirkungen eintreten,

..."

Wer diesem Verbot fahrlässig zuwiderhandelt, begeht eine Ordnungswidrigkeit (§ 15 Abs. 2 HWG), wer es vorsätzlich tut, sogar eine Straftat (§ 14 HWG).

Zur Verdeutlichung des Tatbestandes des § 3 HWG sei eine Entscheidung des OLG Hamburg (NJW 1991, 2971) angeführt: Die Beklagte hatte für das von ihr hergestellte und vertriebene Arzneimittel „**i.**" mit folgender Anzeige geworben: „Zuverlässige Schmerzbehandlung mit bewährtem Wirkstoff: – **i.** gegen Kopf-, Zahn-, Regelschmerzen und Fieber – Der Wirkstoff von **i.** ist seit Jahren in den USA, England und anderen Ländern bewährt. Die neue Schmerztablette **i.** beherrscht Schmerzen (Kopf-, Zahn- und Regelschmerzen) und Fieber zuverlässig. **i.** wirkt schnell und langanhaltend und ist im allgemeinen gut verträglich." Der Klageantrag richtet sich gegen die beanstandete Anzeige insgesamt, dagegen nicht gegen einzelne Werbeangaben für sich allein. Das OLG sah in dieser Anzeige eine unzulässige Erfolgszusage nach § 3 Nr. 2a HWG.

§ 4 HWG schreibt Pflichtangaben für jede Arzneimittelwerbung (hier sind also die anderen Mittel usw. nicht erfaßt) vor. Nachdem die früher vorgeschriebene detaillierte Angabe von Anwendungsgebieten, Gegenanzeigen und Nebenwirkungen sowie Warnhinweise in der Werbung in audiovisuellen Medien nicht mehr vorgeschrieben ist und nach einem zum Zeitpunkt der Manuskripterstellung dieses Buches vorliegenden Gesetzentwurf der Bundesregierung auch bei den Print-Medien wegfallen soll, hat § 4 HWG seine frühere, durch mehrere BGH-Entscheidungen belegte Bedeutung vermutlich verloren.

Für verschreibungspflichtige Arzneimittel darf gemäß § 10 Abs. 1 HWG in der Öffentlichkeit nicht geworben werden.

„Für Arzneimittel, die dazu bestimmt sind, bei Menschen die Schlaflosigkeit oder psychische Störungen zu beseitigen oder die Stimmungslage zu beeinflussen, darf außerhalb der Fachkreise nicht geworben werden" (§ 10 Abs. 2 HWG). Nach herrschender Meinung (*Doepner* § 10 Rz. 24;

Kleist § 10 Rdn. 24) gilt dieses Verbot nicht für Mittel, welche lediglich als Einschlafhilfe dienen sollen.

Für die Werbung außerhalb der Fachkreise enthält § 11 eine Auflistung verbotener Werbung. Verstöße stellen eine Ordnungswidrigkeit nach § 15 Abs. 1 Nr. 7 HWG dar. Verboten ist unter anderem, zu werben

„1. mit Gutachten, Zeugnissen, wissenschaftlichen oder fachlichen Veröffentlichungen sowie mit Hinweisen darauf,

2. mit Angaben, daß das Arzneimittel, das Verfahren, die Behandlung, der Gegenstand oder das andere Mittel ärztlich, zahnärztlich, tierärztlich oder anderweitig fachlich empfohlen oder geprüft ist oder angewendet wird,

3. mit der Wiedergabe von Krankengeschichten sowie mit Hinweisen darauf,

4. mit der bildlichen Darstellung von Personen in der Berufskleidung oder bei der Ausübung der Tätigkeit von Angehörigen der Heilberufe, des Heilgewerbes oder des Arzneimittelhandels,

5. mit der bildlichen Darstellung
   a) von Veränderungen des menschlichen Körpers oder seiner Teile durch Krankheiten, Leiden oder Körperschäden,
   b) der Wirkung eines Arzneimittels, eines Verfahrens, einer Behandlung, eines Gegenstandes oder eines anderen Mittels durch vergleichende Darstellung des Körperzustandes vor und nach der Anwendung,
   c) des Wirkungsvorganges eines Arzneimittels, eines Verfahrens, einer Behandlung, eines Gegenstandes oder eines anderen Mittels am menschlichen Körper oder an seinen Teilen,

6. mit fremd- oder fachsprachlichen Bezeichnungen, soweit sie nicht in den allgemeinen deutschen Sprachgebrauch eingegangen sind,

7. mit einer Werbeaussage, die geeignet ist, Angstgefühle hervorzurufen oder auszunutzen,

8. durch Werbevorträge, mit denen ein Feilbieten oder eine Entgegennahme von Anschriften verbunden ist,

...

11. mit Äußerungen Dritter, insbesondere mit Dank-, Anerkennungs- oder Empfehlungsschreiben, oder mit Hinweisen auf solche Äußerungen“

(§ 11 HWG).

§ 12. Fertigpackungen, Preisangaben

Fall: Reiseveranstalter R nennt in seinem Prospekt Reisepreise bei den einzelnen Reisen. In den hinten im Prospekt abgedruckten Allgemeinen Reisebedingungen heißt es: „Zuzüglich zu den in diesem Prospekt genannten Preisen wird bei Buchung eine Bearbeitungsgebühr in Höhe von 68,– DM fällig". (nach **OLG Frankfurt am Main** Gewerblicher Rechtsschutz und Urheberrecht 1988, 49)

Literatur: *Strecker* 1985

Gegenstand dieses Paragraphen

Zur Verbesserung der Markttransparenz für die Verbraucher wurden Informationspflichten für eine Vielzahl von Waren- und Leistungs-Angeboten festgelegt. Verboten sind sogenannte Mogelpackungen, und mit einer Standardisierung von Fertigpackungs-Größen soll ebenfalls den Verbrauchern die Marktübersicht erleichtert werden. Preise müssen als Endpreise angegeben werden, und bei Waren in Fertigpackungen ist in der Regel der Grundpreis (Preis je Kilogramm oder je Liter) anzugeben.

Rechtsquellen

Das Eichgesetz enthält das Verbot des Inverkehrbringens von Mogelpackungen und die Ermächtigung zum Erlaß von Verordnungen, unter anderen der Fertigpackungsverordnung (FPV), welche Standardgrößen von Fertigpackungen sowie die Grundpreisangabe regelt. Das Preisangabengesetz regelt die Ermächtigung zum Erlaß der Preisangabenverordnung (PAngV), welche Preiskennzeichnungen bei Waren und Leistungen vorschreibt, sowie Auskunftsrechte der zuständigen Behörden.

1. Fertigpackungen

Das Eichgesetz wurde am 1. April 1992 in einer Neufassung bekanntgemacht (BGBl. I S. 711).

Fertigpackungen im Sinne dieses Gesetzes „sind Erzeugnisse in Verpackungen beliebiger Art, die in Abwesenheit des Käufers abgepackt und verschlossen werden, wobei die Menge des darin enthaltenen Erzeugnisses ohne Öffnen oder merkliche Änderung der Verpackung nicht verändert werden kann" (§ 6 Abs. 1 EichG).

Neben anderen Gegenständen regeln das Eichgesetz und die nach der Ermächtigung von dessen § 8 ergangene Fertigpackungsverordnung

„1. die Angabe von Nennfüllmengen bei Fertigpackungen und die Art und Weise dieser Angabe,
2. die Anforderungen an die Genauigkeit der Füllmenge,
...
6. Anforderungen an die Genauigkeit des Volumens von Behältnissen und ihre Kennzeichnung,
...
9. die Angabe eines Grundpreises bei Fertigpackungen und ... die Art und Weise dieser Angabe,
10. verbindliche Nennfüllmengen für Fertigpackungen“

(§ 8 Abs. 1 EichG).

Zweck der Regelungen ist es unter anderem, „den Verbraucher beim Erwerb meßbarer Güter ... zu schützen“ (§ 1 Nr. 1 EichG).

Nach § 7 Abs. 2 EichG sind Mogelpackungen verboten; Fertigpackungen müssen „so gestaltet und befüllt sein, daß sie keine größere Füllmenge vortäuschen, als in ihnen enthalten ist“ (§ 7 Abs. 2 EichG). Verstöße sind Ordnungswidrigkeiten nach § 19 Abs. 1 Nr. 1 EichG, die mit einer Geldbuße bis zu zwanzigtausend Deutsche Mark geahndet werden können (§ 19 Abs. 4 EichG).

Verstöße gegen die Füllmengenvorschriften werden immer wieder festgestellt (o. V. 1993 d, S. 3).

Die Fertigpackungsverordnung regelt verbindliche Werte für Nennfüllmengen von Fertigpackungen mit Lebensmitteln (§ 1 FPV).

§§ 6f FPV verpflichtet die Inverkehrbringer von Waren in Fertigpakkungen zur Kennzeichnung der Füllmenge.

„Befindet sich ein festes Lebensmittel in einer Aufgußflüssigkeit, so ist auf der Fertigpackung neben der gesamten Füllmenge auch das Abtropfgewicht dieses Lebensmittels anzugeben“ (§ 11 Abs. 1 Satz 1 FPV).

§ 12 FPV verpflichtet zur Grundpreisangabe (Preis für 1 Kilogramm oder 1 Liter, unter bestimmten Voraussetzungen für 100 Gramm oder Milliliter) bei Lebensmitteln, Wasch- und Reinigungsmitteln, kosmetischen Mitteln, Putz- und Pflegemitteln, Klebstoffen, gebrauchfertigen Lacken und Anstrichmitteln sowie anderen, hier nicht mit aufgezählten Produkten. Hierzu gibt es Modifikationen und Ausnahmeregelungen in §§ 12ff FPV.

Damit die Erkennbarkeit der Angaben für die Verbraucher gesichert ist, sind gemäß §§ 19 und 20 FPV nähere Bestimmungen über die Art und Weise der Angaben, insbesondere über die Schriftgröße getroffen (letztere hängt ab von der Nennfüllmenge).

2. Preisangaben

„Wer Letztverbrauchern gewerbs- oder geschäftsmäßig oder regelmäßig in sonstiger Weise Waren oder Dienstleistungen anbietet oder als Anbieter von Waren oder Leistungen gegenüber Letztverbrauchern in Zeitungen, Zeitschriften, Prospekten, auf Plakaten, im Rundfunk oder Fernsehen oder auf sonstige Weise unter Angabe von Preisen wirbt, hat die Preise anzugeben, die einschließlich der Umsatzsteuer und sonstiger Preisbestandteile unabhängig von einer Rabattgewährung zu zahlen sind (Endpreise)." (§ 1 Abs. 1 Satz 1 PAngV)

Dies erfordert beispielsweise, die Umsatzsteuer oder Preiszuschläge wie Bearbeitungsgebühren bei den Preisangaben mit auszuweisen.

§ 1 Abs. 2 PAngV läßt es zu, bei Leistungen, soweit es üblich ist, anstelle von Endpreisen Stundensätze, Kilometersätze oder andere Verrechnungssätze anzugeben.

§ 1 Abs. 5 PAngV schreibt – analog den für Fertigpackungen geltenden Grundpreisvorschriften – für lose Ware die Preisangabe als Grundpreisangabe (je 1 Kilogramm je 100 Gramm, je 1 Liter oder je 100 Milliliter) vor.

Nach § 1 Abs. 6 Satz 1 müssen die Preisangaben leicht erkennbar und deutlich lesbar sein.

Der Handel muß nach § 2 Abs. 1 Waren, die in Schaufenstern, Schaukästen, innerhalb oder außerhalb des Verkaufsraumes oder in sonstiger Weise sichtbar ausgestellt werden, und Waren, die vom Verbraucher unmittelbar entnommen werden können, durch Preisschilder oder Beschriftung der Ware auszeichnen.

Wer Leistungen anbietet, muß nach § 3 ein Preisverzeichnis mit den Preisen für seine wesentlichen Leistungen aufstellen und im Geschäftslokal sowie ggf. am Geschäftslokal bekanntmachen.

„Bei Krediten sind als Preis die Gesamtkosten als jährlicher Vomhundertsatz des Kredits anzugeben und als ‚effektiver Jahreszins' ... zu bezeichnen." (§ 4 Abs. 1 Satz 1 PAngV) Zum Berechnungsverfahren gibt es Regelungen in § 4 Abs. 2 PAngV, und Absatz 3 legt fest, daß alle Kreditnebenkosten mit Ausnahme der dort genannten Kostenarten bei der Berechnung des effektiven Jahreszinses einzubeziehen sind.

Preisverzeichnisse werden in § 5 auch für Gaststättenbetriebe vorgeschrieben. Der Verordnunggeber hat es für richtig gehalten, auch Details zu regeln: „Kann in Gaststättenbetrieben eine Fernsprechanlage benutzt werden, so ist der bei Benutzung geforderte Preis für eine Gebühreneinheit ... anzugeben." (§ 5 Absatz 5 PAngV)

„Inhaber von Tankstellen haben ihre Kraftstoffpreise so auszuzeichnen, daß sie

1. auf Bundesautobahnen für den in den Tankstellenbereich einfahrenden Kraftfahrer,
2. im übrigen für den auf der Straße heranfahrenden Kraftfahrer

deutlich lesbar sind." (§ 6 Abs. 1 PAngV)

Verstöße gegen diese Vorschriften werden als Ordnungswidrigkeit mit einer Geldbuße bis zu fünfzigtausend Deutsche Mark geahndet (§§ 8 PAngV, 3 WiStG).

Verstöße gegen die Preisangabenverordnung werden immer wieder von den Verbraucherorganisationen festgestellt (o.V. 1992c). Dies bezieht sich auf in Schaufenstern ausgestellte Waren, es bezieht sich auch auf neuere Kassen-Systeme im Einzelhandel. So wurde bei Scanner-Kassen festgestellt, daß der an der Ware im Regal angegebene Preis nicht übereinstimmte mit dem an der Kasse abgerechneten Preis: „Zwischen dem 20. Juli und dem 19. August 1989 wurden bundesweit in 80 Lebensmittelgeschäften mit Scannerkassen ein standardisierter Warenkorb sowie als Sonderangebot gekennzeichnete Artikel eingekauft (insgesamt 3445, d.h. pro Geschäft durchschnittlich mehr als 40 verschiedene Artikel), um möglichst praxisnah verschiedenen, für den Verbraucher wichtigen Fragen nachzugehen. Von zentraler Bedeutung war dabei die Frage nach der Übereinstimmung oder der Abweichung von ausgezeichneten und an der Kasse registrierten Preisen. Untersuchungsgegenstand war aber auch die Art und Deutlichkeit der Preisauszeichnung. Die Ergebnisse der Untersuchung zeigen eine alles andere als befriedigende Situation: In 86% der untersuchten Geschäfte wurden abweichende Preise (der auf dem Kassenzettel ausgedruckte Preis entspricht nicht dem am Regal ausgezeichneten) oder eine fehlerhafte Preiserfassung (Artikel wurden entweder doppelt oder überhaupt nicht erfaßt) festgestellt." (o.V. 1989, S. 2)

§ 13. Datenschutz

Fall: Teilzahlungsbank T verwendet Allgemeine Geschäftsbedingungen, in welchen die folgende Regelung enthalten ist: „Die Bank ist berechtigt, der Schutzgemeinschaft für allgemeine Kreditsicherung (Schufa)... Daten des Kreditnehmers... über die Aufnahme (Kreditbetrag, Laufzeit, Ratenhöhe) und Abwicklung dieses Kredits zur Speicherung zu übermitteln." (BGH NJW 1986, 46)

Literatur: *Dörr/Schmidt* 1991

Gegenstand dieses Paragraphen

Personenbezogene Daten von Verbrauchern sind für Anbieter bei der Anbahnung und bei der Ausgestaltung von Vertragsbeziehungen von Interesse. Beispielsweise können Adressenlisten von nach bestimmten Merkmalen ausgesuchten Bürgerinnen und Bürgern beim Finden neuer Kunden nützlich sein, Kreditinstitute interessieren sich für die Einkommens- und Vermögensverhältnisse ihrer Kunden, Vermieter möchten unter Umständen ähnliche Informationen und sonstige Informationen über potentielle Mieter haben, Ärzte benötigen für die sachgerechte Diagnose und Therapie medizinische Informationen über ihre Patienten.

Das Recht des Datenschutzes und des Persönlichkeits- und Geheimnisschutzes hat die Funktion, den Risiken entgegenzuwirken, welche dem Recht auf die Entfaltung der Persönlichkeit aus Art. 2 Abs. 1 GG durch die Erfassung und Verwendung personenbezogener Informationen drohen. In diesem Kapitel werden übergreifend über die Einzelbereiche des Verbraucherschutzrechts bestehende Datenschutzregelungen dargestellt. Hierbei ist es zweckmäßig, zugleich auch die datenrechtlichen Befugnisse der Anbieter zu erläutern.

Auch wenn Behörden und andere öffentliche Stellen durch Vermarktung von Adressen bei Absatzbemühungen privater Unternehmer Unterstützung leisten, können die Rechtsgrundlagen für die Datenerfassung, -verarbeitung und -weitergabe von öffentlichen Stellen hier nicht erörtert werden.

Rechtsquellen

Ausgangspunkt des Datenschutzes ist die in Art. 1 GG geschützte Würde des Menschen und die nach Art. 2 GG garantierte allgemeine Handlungsfreiheit. Das **Bundesverfassungsgericht** (BVerfGE 65, 1) hat klargestellt, daß das Recht auf informationelle Selbstbestimmung die Behörden, die Gerichte und den Gesetzgeber zwingt, die Bürgerinnen und Bürger vor Datenerhebungen und -verwendungen zu bewahren, welche in unverhältnismäßiger Weise die allgemeine Handlungsfreiheit beeinträchtigen könnten.

Während für die Verarbeitung personenbezogener Informationen durch staatliche Stellen diese Entscheidung des **Bundesverfassungsgerichts** recht detaillierte Anforderungen an die Zulässigkeit zur Folge hat, ist hinsichtlich der Informationsverarbeitung privater Anbieter aus der Entscheidung nur zu schließen, daß das informationelle Selbstbestimmungsrecht der Verbraucher ebenso zu wahren ist wie das aus Art. 12 und 14 GG ableitbare Recht der Anbieter auf wirtschaftliche Betätigung.

Die beiderseitigen Rechtspositionen in angemessener Weise gegeneinander abzuwägen, ist vor allem im Bundesdatenschutzgesetz (BDSG) Ziel des Gesetzgebers gewesen. Daneben ist die strafrechtlich sanktionierte Verschwiegenheitspflicht der Angehörigen bestimmter Berufe erwähnenswert, welche in § 203 des Strafgesetzbuchs geregelt ist.

1. Personenbezogene Informationen

Personenbezogene Informationen sind solche, welche sich auf eine bestimmte oder bestimmbare Person beziehen. Hierunter fallen also nicht nur Angaben mit dem Namen und der Anschrift der Betroffenen; sondern auch ohne ausdrückliche Namensnennung ist bei verfügbarem Zusatzwissen eine Personen-Identifikation möglich („der im Oktober 1993 amtierende Bundesbeauftragte für den Datenschutz").

Datenschützende Rechtsvorschriften beziehen sich teilweise auf personenbezogene Informationen, welche in bestimmten Zusammenhängen jemandem bekannt wurden (s. unten Abschnitt 4.). Datenschützende Rechtsvorschriften beziehen sich teilweise aber auch auf solche personenbezogenen Informationen, welche in Dateien gespeichert sind oder aus Dateien stammen. Eine Datei im Sinne des Datenschutzrechts „ist

1. eine Sammlung personenbezogener Daten, die durch automatisierte Verfahren nach bestimmten Merkmalen ausgewertet werden kann (automatisierte Datei), oder
2. jede sonstige Sammlung personenbezogener Daten, die gleichartig aufgebaut ist und nach bestimmten Merkmalen geordnet, umgeordnet und ausgewertet werden kann (nichtautomatisierte Datei).

Nicht hierzu gehören Akten und Aktensammlungen, es sei denn, daß sie durch automatisierte Verfahren umgeordnet und ausgewertet werden können." (§ 3 Abs. 1 BDSG)

Nach § 4 BDSG sind die „Verarbeitung personenbezogener Daten und deren Nutzung ... nur zulässig, wenn dieses Gesetz oder eine andere Rechtsvorschrift sie erlaubt oder anordnet oder soweit der Betroffene eingewilligt hat." „Wird die Einwilligung bei dem Betroffenen eingeholt, so ist er auf den Zweck der Speicherung und einer vorgesehenen Übermittlung sowie auf Verlangen auf die Folgen der Verweigerung der Einwilligung hinzuweisen. Die Einwilligung bedarf der Schriftform, soweit nicht wegen besonderer Umstände eine andere Form angemessen ist. Soll die Einwilligung zusammen mit anderen Erklärungen schriftlich erteilt werden, ist die Einwilligungserklärung im äußeren Erscheinungsbild der Erklärung hervorzuheben."

Im übrigen sind Verstöße gegen die Vorschriften des Bundesdatenschutzgesetzes in §§ 43, 44 BDSG als Straftaten oder Ordnungswidrigkeiten geregelt.

2. Vertragsverhältnisse und vertragsähnliche Verhältnisse

Die wesentliche Vorschrift betreffend die Datenverarbeitung personenbezogener Daten in oder aus Dateien bei privaten Anbietern von Waren oder Leistungen ist § 28 BDSG, welcher daher auszugsweise wiedergegeben wird:

„Das Speichern, Verändern oder Übermitteln personenbezogener Daten oder ihre Nutzung als Mittel für die Erfüllung eigener Geschäftszwecke ist zulässig

1. im Rahmen der Zweckbestimmung eines Vertragsverhältnisses oder vertragsähnlichen Vertrauensverhältnisses mit dem Betroffenen,
2. soweit es zur Wahrung berechtigter Interessen der speichernden Stelle erforderlich ist und kein Grund zu der Annahme besteht, daß das schutzwürdige Interesse der Betroffenen an dem Ausschluß der Verarbeitung oder Nutzung überwiegt,
3. wenn die Daten aus allgemein zugänglichen Quellen entnommen werden können oder die speichernde Stelle sie veröffentlichen dürfte, es sei denn, daß das schutzwürdige Interesse des Betroffenen an dem Ausschluß der Verarbeitung oder Nutzung offensichtlich überwiegt".

„Die Daten müssen nach Treu und Glauben und auf rechtmäßige Weise erhoben werden." (§ 28 Abs. 1 BDSG)

3. Adreßverlage, Auskunfteien und ähnliche Unternehmen

Die Vertragspartner der Verbraucher, aber insbesondere auch Unternehmen, welche personenbezogene Daten in oder aus Dateien an andere weitergeben („übermitteln") möchten, haben ebenfalls § 28 BDSG zu beachten:

„Die Übermittlung oder Nutzung ist auch zulässig …, wenn es sich um listenmäßig oder sonst zusammengefaßte Daten über Angehörige einer Berufsgruppe handelt, die sich auf

- eine Angabe über die Zugehörigkeit des Betroffenen zu dieser Personengruppe,
- Berufs-, Branchen- oder Geschäftsbezeichnung,
- Namen,
- Titel,
- akademische Grade,
- Anschrift,
- Geburtsjahr

beschränken und kein Grund zu der Annahme besteht, daß der Betroffene ein schutzwürdiges Interesse an dem Ausschluß der Übermittlung hat." Von dem entgegenstehenden schutzwürdigen Interesse kann im allgemeinen ausgegangen werden, „wenn im Rahmen der Zweckbestimmung eines Vertragsverhältnisses oder vertragsähnlichen Vertrauensverhältnisses gespeicherte Daten übermittelt werden sollen, die sich

- auf gesundheitliche Verhältnisse,
- auf strafbare Handlungen,
- auf Ordnungswidrigkeiten,
- auf religiöse oder politische Anschauungen sowie
- bei Übermittlung durch den Arbeitgeber auf arbeitsrechtliche Rechtsverhältnisse

beziehen" (§ 28 Abs. 2 BDSG).

„Widerspricht der Betroffene bei der speichernden Stelle der Nutzung oder Übermittlung seiner Daten für Zwecke der Werbung oder der Markt- oder Meinungsforschung, ist eine Nutzung oder Übermittlung für diese Zwecke unzulässig. Widerspricht der Betroffene beim Empfänger der … übermittelten Daten der Verarbeitung oder Nutzung für Zwecke der Werbung oder der Markt- oder Meinungsforschung, hat dieser die Daten für diese Zwecke zu sperren." (§ 28 Abs. 3 BDSG)

„Der Empfänger darf die übermittelten Daten für den Zweck verarbeiten oder nutzen, zu dessen Erfüllung sie ihm übermittelt werden. (§ 28 Abs. 4 Satz 1 BDSG)

Die geschäftsmäßige Datenspeicherung oder -veränderung personenbezogener Daten zum Zwecke der Übermittlung ist in § 29 BDSG geregelt: sie „ist zulässig, wenn

1. kein Grund zu der Annahme besteht, daß der Betroffene ein schutzwürdiges Interesse an dem Ausschluß der Speicherung oder Veränderung hat, oder
2. die Daten aus allgemein zugänglichen Quellen entnommen werden können oder die speichernde Stelle sie veröffentlichen dürfte, es sei denn, daß das schutzwürdige Interesse des Betroffenen an dem Aus-

schluß der Speicherung oder Veränderung offensichtlich überwiegt." (§ 29 Abs. 1 BDSG)

Für die Übermittlung ist nach § 29 Abs. 2 BDSG eine zusätzliche Voraussetzung, daß der Empfänger ein berechtigtes Interesse an der Kenntnis der Informationen glaubhaft dargelegt hat, und daß kein Grund zu der Annahme besteht, daß der Betroffene ein schutzwürdiges Interesse an dem Ausschluß der Übermittlung hat.

Die Adreßverlage und Auskunfteien haben nach § 32 BDSG die Aufnahme und Beendigung ihrer Tätigkeit der zuständigen Aufsichtsbehörde (dies ist die nach Landesrecht festgelegte Behörde, in einigen Ländern beispielsweise der Regierungspräsident; s. auch § 38 BDSG) innerhalb eines Monats mitzuteilen.

4. Geheimnisschutz

Wer in Ausübung eines bestimmten Berufs personenbezogene Informationen zur Kenntnis erhalten hat, hat diese Informationen – unabhängig davon, ob sie dateimäßig gespeichert sind oder nicht – geheimzuhalten und darf sie nur bei Vorliegen einer rechtfertigenden Befugnis an Dritte weitergeben. Dies ist in § 203 StGB geregelt. Von den dort genannten Berufen kommen im Zusammenhang mit dem Verbraucherschutz insbesondere die folgenden in Betracht: Arzt (*Borchert* 1990 b), Zahnarzt, Tierarzt, Apotheker, diplomierter Berufspsychologe, Rechtsanwalt, Notar, Angehöriger eines Unternehmens der privaten Kranken-, Unfall- oder Lebensversicherung oder einer privatärztlichen Verrechnungsstelle sowie die berufsmäßig tätigen Gehilfen der jeweiligen Berufsgruppe.

Die Verletzung der beruflichen Verschwiegenheitspflicht wird nach § 205 StGB nur auf Antrag verfolgt.

5. Rechte des Betroffenen

Bei Verletzung der Pflichten aus dem Daten- oder Geheimnisschutzrecht können Schadensersatzansprüche aus § 823 Abs. 1 oder 2 bestehen. § 8 BDSG enthält hierzu eine Beweislastregelung zugunsten der Betroffenen.

„Werden erstmals personenbezogene Daten für eigene Zwecke gespeichert, ist der Betroffene von der Speicherung und der Art der Daten zu benachrichtigen. Werden personenbezogene Daten geschäftsmäßig zum Zwecke der Übermittlung gespeichert, ist der Betroffene von der erstmaligen Übermittlung und der Art der gespeicherten Daten zu benachrichtigen.... Eine Pflicht zur Benachrichtigung besteht nicht, wenn ... der Betroffene auf andere Weise Kenntnis von der Speicherung oder der

Übermittlung erlangt hat" (§ 33 BDSG, welcher noch weitere Ausnahmen von der Benachrichtigungspflicht regelt).

Auskunftsrechte gegenüber der speichernden Stelle gibt § 34 BDSG. Der Betroffene kann Auskunft verlangen über die zu seiner Person gespeicherten Daten, auch soweit sie sich auf Herkunft und Empfänger beziehen; auf den Zweck der Speicherung; und auf Personen und Stellen, an die seine Daten regelmäßig übermittelt werden, wenn seine Daten automatisiert verarbeitet werden.

Pesonenbezogene Daten sind nach § 35 BDSG zu berichtigen, wenn sie unrichtig sind, sie sind unter bestimmten Voraussetzungen, insbesondere wenn ihre Kenntnis nicht mehr erforderlich ist, zu löschen, und sie sind unter anderem dann zu sperren, wenn ihre Richtigkeit vom Betroffenen bestritten wird und sich weder die Richtigkeit noch die Unrichtigkeit feststellen läßt.

§ 14. Prozeßkostenhilfe, Rechtsberatungshilfe

Fall: Verbraucher V hat im Rahmen eines finanzierten Abzahlungskaufs einen Kredit aufgenommen. Er erklärt aufgrund eines Mangels der Kaufsache die Wandelung. Das Kreditinstitut verlangt dennoch die Kaufpreisraten. Als V nicht zahlt, wird ihm ein Mahnbescheid über die Kreditsumme zuzüglich erheblicher Kosten zugestellt. V fragt sich, was er unternehmen kann, insbesondere, ob er sich trotz des Prozeßkostenrisikos auf ein gerichtliches Verfahren einlassen kann.

Gegenstand dieses Paragraphen

Der Zugang zur Justiz ist, pauschal betrachtet, für Verbraucher eher mit Barrieren versehen als für die Anbieter. Zum Verbraucherschutz gehören daher auch solche Regelungen, welche helfen können, den Zugang zur Justiz zu erleichtern.

Rechtsquellen

Es gibt in Form von Gerichtsstandsregelungen (§§ 26 FernUSG, 7 HaustürWG, 94a AMG, auch 29a, 32 ZPO) spezifisch auf den Verbraucherschutz ausgerichtete oder allgemein geltende Regelungen, welche Verbrauchern eine zur Interessenwahrung gebotene Prozeßführung erleichtern können.

In ähnlicher Weise können die Regelungen der Prozeßkostenhilfe und der Rechtsberatungshilfe wirken; sie sind nicht spezifisch auf den Verbraucherschutz ausgerichtet, sondern gelten allgemein (und kommen am häufigsten in familienrechtlichen, also außerhalb des Verbraucherrechts liegenden Verfahren zur Anwendung (*Rosenberg/Schwab/Gottwald* 1993, S. 490).

Die Prozeßkostenhilfe ist in §§ 114ff ZPO, die Rechtsberatungshilfe im Rechtsberatungshilfegesetz geregelt.

1. Prozeßkostenhilfe

Prozeßkostenhilfe für ein zivilprozessuales Verfahren erhält auf Antrag eine Partei, die nach ihren persönlichen und wirtschaftlichen Verhältnissen die Kosten der Prozeßführung nicht, nur zum Teil oder nur in Raten aufbringen kann, wenn die beabsichtigte Rechtsverfolgung hinreichende Aussicht auf Erfolg bietet und nicht mutwillig erscheint (§ 114 Abs. 1 Satz 1 ZPO).

Der Antrag ist schriftlich zu stellen oder vor der Geschäftsstelle zu Protokoll zu erklären (§ 117 Abs. 1 Satz 1 ZPO). In ihm ist das Streitverhältnis unter Angabe der Beweismittel darzustellen (§ 117 Abs. 1 Satz 2 ZPO). Für den Antrag besteht kein Anwaltszwang (§ 78 Abs. 2 ZPO). Dem Antrag ist der vollständig ausgefüllte amtlich eingeführte Vordruck mit Angaben zu den persönlichen und wirtschaftlichen Verhältnissen sowie entsprechende Belege beizufügen (§ 117 Abs. 2 bis 4 ZPO).

Zuständig ist das Prozeßgericht für das beabsichtigte Verfahren (§§ 117 Abs. 1 Satz 1, 127 Abs. 1 ZPO), für die Zwangsvollstreckung das Vollstreckungsgericht.

Die Bewilligung von Prozeßkostenhilfe bewirkt, daß die hilfsbedürftige Partei von der Leistung von Gerichtskosten und anderen Kosten befreit ist (§ 122 Abs. 1 Nr. 1 ZPO). Die Gebührenansprüche erlöschen nicht, sondern sind nur gestundet. Auf die Verpflichtung, die dem Gegner entstandenen Kosten zu erstatten, wie es bei verlorenem Prozeß vorgeschrieben ist (§ 91 ZPO), hat die Bewilligung der Prozeßkostenhilfe keinen Einfluß (§ 123 ZPO).

Eine weitere Folge der Bewilligung von Prozeßkostenhilfe ist die Beiordnung eines Anwalts für die Verfahren, für die eine Vertretung durch Anwälte vorgeschrieben ist (s. § 78 ZPO) oder wenn die Vertretung durch einen Anwalt sachlich erforderlich ist oder der Gegner durch einen Rechtsanwalt vertreten ist (§ 121 ZPO). Sachlich erforderlich ist die Beiordnung, wenn der Rechtsstreit tatsächlich oder rechtlich schwierig, für die Partei von hoher persönlicher oder wirtschaftlicher Bedeutung ist, oder wenn der Antragsteller nicht selbst in der Lage ist, seine Interessen vor Gericht hinreichend wahrzunehmen.

2. Beratungshilfe

Hilfe für die Wahrnehmung von Rechten außerhalb eines gerichtlichen Verfahrens (Beratungshilfe) wird auf Antrag gewährt, wenn der Rechtsuchende die erforderlichen Mittel nach seinen persönlichen und wirtschaftlichen Verhältnissen nicht aufbringen kann (§ 1 BerHG: die Wahrnehmung der Rechte darf nicht mutwillig sein). Die Beratungshilfe besteht in Beratung und, soweit erforderlich, in Vertretung (§ 2 Abs. 1 BerHG). Die Beratungshilfe wird durch Rechtsanwälte oder das Amtsgericht gewährt (§ 3 BerHG), letzteres dann, wenn als Beratung eine sofortige Auskunft, der Hinweis auf andere Hilfen oder die Aufnahme eines Antrags oder einer Erklärung genügt; für die Beratungshilfe durch einen Rechtsanwalt nach Wahl des Rechtsuchenden wird ein Berechtigungsschein ausgestellt (§ 6 Abs. 1 BerHG).

Über den Antrag auf Beratungshilfe entscheidet das Amtsgericht, in dessen Bezirk ein Bedürfnis für Beratungshilfe auftritt (§ 4 Abs. 1

BerHG). Wenn sich der Rechtsuchende wegen Beratungshilfe unmittelbar an einen Rechtsanwalt wendet, kann der Antrag nachträglich gestellt werden (§ 4 Abs. 2 Satz 4 BerHG).

§ 15. Verbraucherorganisationen und Aktivitäten zur Stärkung und Wahrung der Verbraucherrechte

Fall: Rechtsanwalt R liest in der Zeitung, daß die Verbraucherzentrale VZ in ihrer örtlichen Beratungsstelle Rechtsberatung für Verbraucher anbietet. R fragt sich, ob dies rechtlich zulässig ist.

Literatur: *Horn* 1986; *Brinkmann* 1976

Gegenstand dieses Paragraphen

Für die Durchsetzung und Wahrung der Rechtspositionen und der Interessen der Verbraucher sind funktionell zuständig die Verbraucher selbst (im privatrechtlichen Verbraucherschutz durch Nutzung ihrer rechtlichen Möglichkeiten, im öffentlich-rechtlichen Verbraucherschutz durch Informierung der Behörden), Behörden (Paragraphen 1, Abschnitt 5.; 4, Abschnitte 2. und 3.; 7, Abschnitt 2.; 8, Abschnitt 2.; 11 bis 16 jeweils erläutert) und Gerichte. Bedeutsam sind aber auch privatrechtlich organisierte Institutionen mit dem Ziel, den Interessen der Verbraucher zu dienen. Die wichtigsten dieser Organisationen mit ihren wesentlichen Tätigkeiten sollen hier genannt werden.

Eine besondere gesetzliche Regelung hat die Befugnis von Verbraucherverbänden erhalten, Rechtsberatung zu erteilen.

Besondere Rechtsfragen spielen weiterhin eine Rolle bei bestimmten Aktivitäten der Verbraucherorganisationen: dem vergleichenden Warentest und dem Boykottaufruf.

Rechtsquellen

Eine eigenständige gesetzliche Rechtsgrundlage für in privatrechtlicher Rechtsform tätige Verbraucherorganisationen gibt es nicht. Entscheidende Bedeutung kann die jeweilige Satzung erhalten. Soweit Verbraucherorganisationen Zuwendungen aus öffentlichen Mitteln erhalten, ist dies in den Haushaltsplänen der jeweiligen Gebietskörperschaften rechtlich verankert. In § 39 LMBG ist geregelt, daß vor Erlaß von Verordnungen nach diesem Gesetz ein jeweils auszuwählender Kreis von Sachkennern aus der Wissenschaft, der Verbraucherschaft und der beteiligten Wirtschaft gehört werden soll. In § 44 der Gefahrstoffverordnung ist geregelt, daß dem Ausschuß für Gefahrstoffe, einem Beratungsgremium des Bundesministeriums für Arbeit und Sozialordnung, ein „Vertreter der Arbeitsgemeinschaft der Verbraucher" angehört; dies ist im übrigen deshalb seltsam, weil sich die Aufgaben des Ausschusses für Gefahrstoffe inzwischen nicht mehr auf den Verbraucherschutz, sondern nur noch auf den Arbeitsschutz beziehen.

Die Befugnis zur Rechtsberatung – genauer: die Ausnahme vom Verbot der Rechtsberatung durch Personen oder Organisationen, welche nicht Rechtsanwalt oder zugelassener Rechtsberater sind – ist für die Verbraucherzentralen im Rechtsberatungsgesetz verankert.

Bei ihren aufklärerischen Aktivitäten haben die Verbraucherorganisationen die allgemein geltenden Vorschriften zu beachten; Rechtsfragen erlangen hierbei in den Fällen Bedeutung, in denen diese Aktivitäten die Umsatz-Chancen von Anbietern beeinträchtigen. Maßgeblich sind hierbei vor allem das Recht der freien Meinungsäußerung aus Art. 5 des Grundgesetzes und die §§ 823, 1004 des Bürgerlichen Gesetzbuchs (BGB).

Verbraucherverbände haben auch die satzungsgemäße Aufgabe, im Interesse der Verbraucher gegen unlauteren Wettbewerb und gegen unzulässige Allgemeine Geschäftsbedingungen vorzugehen. Die hierbei einschlägigen rechtlichen Instrumente wurden in diesem Buch in § 1, Abschnitt 4., und in § 3 erläutert.

1. Organisationen

Wie in den entsprechenden Paragraphen dieses Buches erläutert, haben vielfach Behörden die gesetzlich verankerte Aufgabe, die Interessen der Verbraucher – in der Regel neben dem Allgemeininteresse – wahrzunehmen.

Nach herrschender Meinung (vgl. *Stillner* NJW 1991, 1340) haben die Behörden im jeweiligen Zusammenhang ihrer Sachaufgabe auch ohne spezielle gesetzliche Befugnis das Recht, die Verbraucher über Produkte zu informieren. So weisen Gewerbeaufsichtsämter auf unsichere Produkte, welche unter die Regelungen des Gerätesicherheitsgesetzes fallen, oder Gesundheitsministerien auf gesundheitsbedenkliche Lebensmittel hin. Unproblematisch ist dies nicht: So hat das **Bundesverwaltungsgericht** (BVerwG NJW 1985, 2774) für Recht erkannt, daß sogenannte Transparenzlisten für Arzneimittel, welche geeignet sind, die Wettbewerbspositionen einzelner Anbieter zu beeinträchtigen, in staatlichem Auftrag nicht erstellt und veröffentlicht werden dürfen, wenn es hierfür keine gesetzliche Grundlage gibt.

Verletzt eine Behörde bei der Veröffentlichung über Produkte, von deren Kauf explizit oder implizit abgeraten wird, die allgemeinen Sorgfaltspflichten, so löst dies Schadensersatzansprüche des Anbieters nach den Grundsätzen der Amtshaftung aus (OLG Stuttgart NJW 1990, 2690).

Die wohl bedeutsamsten privatrechtlich organisierten Verbraucherorganisationen sind die AgV (Arbeitsgemeinschaft der Verbraucherverbände

e. V.) mit ihren Mitgliedsorganisationen, nämlich den Verbraucherzentralen der 16 Bundesländer und verbraucherpolitisch engagierten Vereinigungen, und die Stiftung Warentest als von der Bundesregierung gegründete Stiftung des privaten Rechts.

Daneben gibt es eine Fülle von Vereinigungen, welche sich mit besonderen Schwerpunkten inhaltlicher Art (Patientenschutz) oder mit regionalem Bezug um den Verbraucherschutz bemühen. Eine herausragende öffentliche Beachtung hat beispielsweise die „Verbraucher Initiative" mit Sitz in Bonn gefunden, welche vor allem ökologisch bedeutsame Themen des Verbraucherschutzes aufgreift. Eine neue Art von Organisationen stellen die bislang in Aachen, Billigheim, Herrenberg und Öhningen tätigen Preisvergleichsagenturen dar (*Bluth* 1993).

Die Aktivitäten der Verbraucherorganisationen bestehen in Kampagnen, in der Aufklärung der Öffentlichkeit, in der Verbraucherberatung sowie in Lobby-Tätigkeit und der Beratung normsetzender Institutionen (vgl. §§ 39 LMBG, 36, 45f, 53 AMG, 44 GefStoffV). Ferner sind Vertreter von Verbraucherorganisationen in Gremien der technischen Normung und ähnlichen Institutionen (etwa der Deutschen Lebensmittelbuch-Kommission nach § 34 LMBG) beteiligt.

Die in §§ 13 UWG, 13 AGBG verankerte Vertretung der Verbraucherinteressen nimmt neben den Verbraucherzentralen der Verbraucherschutzverein (VSV) wahr, welcher von der AgV und den Verbraucherzentralen speziell zu diesem Zweck gegründet wurde (vgl. BGH NJW 1992, 2231).

Die wichtigste Warentest-Institution ist die Stiftung Warentest, welche in eigenen Publikationen und über andere Medien Test-Ergebnisse verbreitet.

Eine herausragende Stellung in der angewandten Verbraucherforschung nimmt das Institut für angewandte Verbraucherforschung e. V. Köln, ein.

Im Anhang dieses Buches sind die Anschriften von Verbraucherorganisationen und verbraucherrechtlich relevanten Behörden abgedruckt (eine Gewähr für die Richtigkeit kann auch dafür nicht übernommen werden).

2. Rechtsberatungsgesetz

„Die Besorgung fremder Rechtsangelegenheiten, einschließlich der Rechtsberatung und der Einziehung fremder oder zu Einziehungszwekken abgetretener Forderungen, darf geschäftsmäßig – ohne Unterschied zwischen haupt- und nebenberuflicher oder entgeltlicher und unentgeltlicher Tätigkeit – nur von Personen betrieben werden," die Rechtsanwälte sind oder „denen dazu von der zuständigen Behörde die Erlaubnis erteilt ist" (§ 1 Abs. 1 Satz 1 RBerG).

Es gibt Ausnahmen von diesem Verbot, und so wird nach § 3 Nr. 8 RBerG nicht berührt „die außergerichtliche Besorgung von Rechtsangelegenheiten von Verbrauchern durch für ein Bundesland errichtete, mit öffentlichen Mitteln geförderte Verbraucherzentralen im Rahmen ihres Aufgabenbereiches."

3. Warentests, Boykott-Aufrufe

Nach § 823 BGB ist zum Schadensersatz verpflichtet, wer das Leben, den Körper, die Gesundheit, die Freiheit **oder ein sonstiges Recht** eines anderen verletzt. Zu den sonstigen Rechten gehört nach ständiger Rechtsprechung des **Bundesgerichtshofs** (BGHZ 45, 307) der „eingerichtete und ausgeübte Gewerbebetrieb".

Wenn also ein Warentest oder ein Boykott-Aufruf zu Umsatzeinbußen eines Anbieters führt, können Schadensersatzansprüche an den für die Verbreitung des Warentests oder des Boykott-Aufrufs Verantwortlichen in Betracht kommen.

In analoger Anwendung des § 1004 BGB kommen auch Unterlassungsansprüche des Betriebsinhabers in Betracht.

Dem für die Verbreitung des Warentests oder des Boykottaufrufs Verantwortlichen steht das Recht der freien Meinungsäußerung aus Art. 5 GG zur Seite.

Die Rechtsprechung des **Bundesverfassungsgerichts** und des **Bundesgerichtshofs** (s. *Reich u. a.* 1976, S. 124f) hatte die Freiheitsrechte der Unternehmer und die Freiheitsrechte von Verbraucherorganisationen gegeneinander abzuwägen und eine angemessene Balance zu finden, wobei noch der Gesichtspunkt eine Rolle spielt, daß Markttransparenz eine für einen funktionierenden Wettbewerb unerläßliche Voraussetzung darstellt.

Was vergleichende Warentests betrifft, so hat der **Bundesgerichtshof** folgende Anforderungen für Recht erkannt:

- Der Gewerbetreibende muß sich die kritische Beurteilung seiner Leistungen in der Öffentlichkeit auch dann gefallen lassen, wenn sie durch Veröffentlichung vergleichender Warentests erfolgt. Eine solche Kritik ist nicht schon deshalb eine rechtswidrige Beeinträchtigung der gewerblichen Tätigkeit, weil sie ungünstig und dem Betroffenen nachteilig ist, BGH Betriebsberater 1966, 1320.
- Vergleichende Warentests, wenn sie nicht zu Wettbewerbszwecken erfolgen, sind zulässig, wenn sie neutral, objektiv und sachkundig durchgeführt werden und auf ordnungsgemäßem Wege zu vertretbaren Wertungen gelangen, BGHZ 65, 325.

Adressen von Behörden, Verbraucher-Institutionen und Beratungsstellen

(die Angaben erfolgen ohne Gewähr)

Gutachter- und Schlichtungsstellen der Ärztekammern

Berliner Allee 20, 30175 Hannover (Ärztekammerbezirke Berlin, Bremen, Hamburg, Niedersachsen, Schleswig-Holstein)

Tersteegenstr. 31, 40474 Düsseldorf (Ärztekammer Nordrhein)

Kaiser-Wilhelm-Ring 4–6, 48145 Münster
(Ärztekammer Westfalen-Lippe)

Broßstr. 6, 60487 Frankfurt am Main (Ärztekammer Hessen)

Faktoreistr. 4, 66111 Saarbrücken (Ärztekammer des Saarlandes)

Jahnstr. 38 A, 70597 Stuttgart (Bezirksärztekammer Nord-Württemberg)

Wächterstr. 76, 72074 Tübingen (Bezirksärztekammer Süd-Württemberg)

Keßlerstr. 1, 76185 Karlsruhe (Bezirksärztekammer Nord-Baden)

Sundgauallee 27, 79114 Freiburg (Breisgau)
(Bezirksärztekammer Süd-Baden)

Mühlbaurstr. 16, 81677 München (Bayerische Ärztekammer)

Aktion Bildungsinformation
70001 Stuttgart, Postfach 100164, Tel. 0711/225959

Bundesaufsichtsamt für das Kreditwesen, Reichpietschufer 74–76,
10785 Berlin, Tel. 030/250040

Bundesaufsichtsamt für das Versicherungswesen, Postfach 150180,
10663 Berlin, Tel. 030/8893-0

Deutscher Mieterbund e. V.
Aachener Str. 313, 50933 Köln, Tel. 0221/40083-0
In größeren Städten gibt es Mieterschutzbünde und -vereine, die über alle Mietrechte aufklären und bei Mietproblemen helfen.

Lebensmittel-Überwachungsämter:

Baden-Württemberg:
Karlsruhe, Tel. 0721/1353611
Offenburg, Tel. 0781/24034
Pforzheim, Tel. 07231/392444
Sigmaringen, Tel. 07571/1011
Stuttgart (Land), Tel. 0711/20504711
Stuttgart (Stadt), Tel. 0711/2166599

Bayern:
Erlangen, Tel. 09131/6143
Nürnberg, Tel. 0911/162418
Oberschleißheim, Tel. 089/315601

Berlin:
Tel. 030/39705936

Bremen:
Tel. 0421/497

Hamburg:
Tel. 040/789640

Hessen:
Darmstadt, Tel. 06151/121
Frankfurt a. M., Tel. 069/678020
Gießen, Tel. 0641/33018
Kassel, Tel. 0561/31010
Wiesbaden, Tel. 06121/76080

Niedersachsen:
Aurich, Tel. 04941/2621
Braunschweig, Tel. 0531/680120
Emden, Tel. 04921/27470

Hannover 1, Tel. 0511/671044
Lüneburg, Tel. 04131/43483
Oldenburg, Tel. 0441/74091

Nordrhein-Westfalen:

Aachen, Tel. 0241/514048
Bielefeld, Tel. 0521/512656
Bochum, Tel. 0234/6218712
Bonn, Tel. 0228/772438
Dortmund, Tel. 0231/542-23646
Düsseldorf, Tel. 0211/8993250
Duisburg, Tel. 0203/2832487
Eschweiler, Tel. 02403/25035
Essen, Tel. 0201/883345
Gelsenkirchen 0209/1692300
Hagen, Tel. 02331/2074715
Hamm, Tel. 02381/683120
Köln, Tel. 0221/2217600
Krefeld, Tel. 02151/862819
Leverkusen, Tel. 02171/402455
Mettmann, Tel. 02104/790432
Moers, Tel. 02841/202730
Münster, Tel. 0251/7793200
Nettetal 2-Kaldenkirchen, Tel. 02157/6013
Neuss, Tel. 02101/528266
Oberhausen, Tel. 0208/8252879
Paderborn, Tel. 05251/308356
Recklinghausen, Tel. 02361/532107
Remscheid, Tel. 02191/447918
Siegen, Tel. 0271/3377461
Wuppertal, Tel. 0202/5636206

Rheinland-Pfalz:

Koblenz, Tel. 0261/391263
Mainz, Tel. 06131/632076
Speyer, Tel. 06232/9711
Trier, Tel. 0651/22005

Saarland:

Saarbrücken, Tel. 0681/58650

Schleswig-Holstein:

Flensburg, Tel. 0461/852878
Kiel, Tel. 0431/313870
Lübeck, Tel. 0451/1223319

Stiftung Warentest
10785 Berlin, Lützowplatz 11–13, Tel. 030/2631-1
Auskunftsdienst:
Tel. 030/2623014, Mo–Do 9–17.30 Uhr, Fr 9–14 Uhr

Verbraucherschutzverein e. V.
10785 Berlin, Lützowstr. 33–36, Tel. 030/2549070

Verbraucherzentrale Baden-Württemberg e. V.
70178 Stuttgart, Augustenstr. 6, Tel. 0711/610923
Beratungsstellen in Freiburg, Heidelberg, Heilbronn, Karlsruhe, Mannheim, Ravensburg, Stuttgart, Ulm/Donau

Verbraucherzentrale Bayern e. V.
80336 München, Mozartstr. 9, Tel. 089/539870
Beratungsstellen in Amberg, Augsburg, Bamberg, Bayreuth, Germering, Gröbenzell, Hof, Kempten, Landshut, Memmingen, Nürnberg, Rosenheim, Schweinfurt, Weiden, Würzburg

Verbraucherzentrale Berlin e. V.
10787 Berlin, Bayreuther Str. 40, Tel. 030/21907-0
Beratungsstelle Warschauer Str. 43, 10785 Berlin,
Tel. 00372/5882114 oder 5882114

Verbraucher-Zentrale Brandenburg e. V.
Hegelallee 6–8, Haus 9,
14467 Potsdam, Tel. 003733/303981
Beratungsstellen in Brandenburg, Cottbus, Finsterwalde, Frankfurt/Oder, Oranienburg, Potsdam, Senftenberg,

Verbraucherzentrale des Landes Bremen e. V.
28195 Bremen, Obernstr. 38–42, Tel. 0421/320834
Beratungsstellen Bremen-Nord, Bremen-Mitte

Verbraucherzentrale Hamburg e. V.
20354 Hamburg, Große Bleichen 23, Tel. 040/350085

Verbraucherzentrale Hessen e. V.
6000 Frankfurt 1, Berliner Str. 27, Tel. 069/280701
Beratungsstellen oder Infotheken in Bruchköbel, Darmstadt, Dieburg, Dietzenbach, Erbach/Odenwald, Frankfurt, Fulda, Gießen, Groß-Gerau, Hanau am Main, Kassel, Langen, Maintal-Bischofsheim, Mühlheim, Neu-Isenburg, Obertshausen, Offenbach, Raunheim, Riedstadt-Goddelau, Rüsselsheim, Wiesbaden

Verbraucherzentrale Mecklenburg/Vorpommern e. V.
Damgartener Chaussee 61,
18311 Ribnitz-Damgarten, Tel. 003782 5/59351

Beratungsstellen in Anklam, Bad Doberan, Barth, Dorf-Mecklenburg, Hagenow, Neubrandenburg, Ribnitz-Damgarten, Rostock, Schwerin, Stralsund, Wismar

Verbraucher-Zentrale Niedersachsen e.V.
30159 Hannover, Georgswall 7, Tel. 0511/12406-0
Beratungsstellen in Achim, Aurich, Bad Gandersheim, Barsinghausen, Bramsche, Braunschweig, Bremervörde, Burgdorf, Buxtehude, Celle, Clausthal-Zellerfeld, Cuxhaven, Delmenhorst, Duderstadt, Einbeck, Emden, Göttingen, Goslar, Hannover, Hannoversch-Münden, Bad Harzburg, Bad Lauterberg, Leer, Lehrte, Lüneburg, Neustadt, Nienburg, Norden, Nordenham, Northeim, Oldenburg, Osnabrück, Osterode, Papenburg, Peine, Rotenburg, Seelze, Seesen, Stade, Syke, Uslar, Verden, Weyhe, Wilhelmshaven, Wolfsburg, Zeven

Verbraucher-Zentrale Nordrhein-Westfalen e.V.
40215 Düsseldorf, Mintropstr. 27, Tel. 0211/38090
Beratungsstellen in Aachen, Ahlen, Bergheim, Bergisch Gladbach, Bielefeld, Bochum, Bonn, Bottrop, Castrop-Rauxel, Detmold, Dinslaken, Dorsten, Dortmund, Düren, Düsseldorf, Duisburg, Espelkamp, Essen, Gelsenkirchen, Gronau, Gütersloh, Hagen, Hamm, Herne, Iserlohn, Kamen, Köln, Krefeld, Leverkusen-Opladen, Lübbecke, Lüdenscheid, Lünen, Marl, Minden, Mönchengladbach, Mönchengladbach-Rheydt, Moers, Mülheim, Münster, Oberhausen, Paderborn, Recklinghausen, Rheine, Siegen, Solingen, Troisdorf, Unna-Massen, Wesel, Wuppertal

Verbraucherzentrale Rheinland-Pfalz e.V.
55116 Mainz, Große Langgasse 16, Tel. 06131/2848-0
Beratungsstellen oder Verbraucherstützpunkte in Altenkirchen, Bingen, Frankenthal, Idar-Oberstein, Kaiserslautern, Koblenz, Landau, Ludwigshafen, Mainz, Neustad, Pirmasens, Speyer, Trier, Wittlich, Worms, Zweibrücken

Verbraucherzentrale des Saarlandes e.V.
66117 Saarbrücken, Hohenzollernstr. 11, Tel. 0681/52047-48
Beratungsstellen in Dillingen, Homburg, Merzig, Neunkirchen, Saarbrücken, St. Ingbert, St. Wendel, Wadern

Verbraucherzentrale Sachsen e.V.
Burgstr. 2, 04109 Leipzig,
Tel. 003741/291441
Beratungsstellen in Chemnitz, Dresden, Freiberg, Leipzig

Verbraucher-Zentrale Sachsen-Anhalt e.V.
Marx-Engels-Platz 14/15, 06110 Halle,
Tel. 003746/872-373
Beratungsstellen in Dessau, Eisleben, Halberstadt, Haldensleben, Halle, Magdeburg, Salzwedel, Sangerhausen, Stendal Querfurt, Wittenberg

Verbraucherzentrale Schleswig-Holstein e.V.
24103 Kiel, Bergstr. 24, Tel. 0431/51286
Verbraucherzentren und Beratungsstellen in Flensburg, Heide, Kiel, Lübeck, Norderstedt, Ahrensburg, Bad Oldesloe, Bad Segeberg, Elmshorn, Eutin, Geesthacht, Husum, Itzehoe, Mölln, Neumünster, Pinneberg, Reinbek, Rendsburg, Schenefeld, Schleswig, Wedel

Verbraucherzentrale Thüringen e.V.
Wilhelm-Külz-Str. 26 / Pf 591, 99084 Erfurt,
Tel. 003761/61312
Beratungsstellen in Altenburg, Erfurt, Gera, Gotha, Heiligenstadt, Ilmenau, Jena, Nordhausen, Rudolstadt, Schleiz, Schmalkalden, Sondershausen, Suhl, Weimar

Hinweise zu den Fällen

Fall 1 (S. 7):

Vertreter B verwirklicht den Straftatbestand des Betruges, § 263 StGB, jedenfalls dann, wenn V sich nicht ohne weiteres von der vertraglichen Verpflichtung wieder lösen kann (sonst hat B jedenfalls versuchten Betrug begangen). Dies führt mit § 134 BGB zur Nichtigkeit des Kaufvertrags; daß V eventuell geleistete Kaufpreiszahlungen zurück verlangen kann, ergibt sich auch aus § 823 II BGB.

Fall 2 (S. 15):

Es handelt sich um ein Fixgeschäft, vgl. § 361 BGB. Da K nicht vertragsgemäß, also zur vereinbarten Zeit, geliefert hat, ist ihm die Vertragserfüllung unmöglich geworden; M kann nach § 325 BGB Schadensersatz wegen Nichterfüllung verlangen oder vom Vertrag zurücktreten.

Fall 3 (S. 18):

Es handelt sich um eine Einigungsstelle nach § 27a UWG, und vor ihr kann der Anspruch nach §§ 13, 1, 3 UWG erörtert werden.

Fall 4 (S. 25):

A hat, da eine Sorgfaltspflichtverletzung des B nicht vorliegt, gegen diesen keinen Schadensersatzanspruch aus positiver Vertragsverletzung. Der Hersteller hat Schadensersatz zu leisten nach § 1 ProdHaftG sowie aus §§ 823ff BGB.

Fall 5 (S. 38):

Weil A den P nicht ordnungsgemäß über die Operation und ihre Risiken aufgeklärt hat, war die Einwilligung P's in die Operation rechtlich unwirksm. Die Operation war daher eine rechtswidrige Handlung nach § 823 I BGB, und A hat Schmerzensgeld nach § 847 BGB zu zahlen.

Fall 6 (S. 44):

Bei der rechtlichen Bewertung von Eigenbedarfskündigungen nach § 564b II Nr. 1 BGB ist zu berücksichtigen, daß der Vermieter sich als Eigentümer (im zivilrechtlichen Sinne) auf sein Grundrecht aus dem Eigentum gemäß Art. 14 GG berufen kann, daß aber auch das Besitzrecht des Mieters Eigentum im Sinne von Art. 14 I 1 GG ist (**BVerfG** Wohnungswirtschaft und Mietrecht 1993, 377). „Der Eigentumsschutz des Mieters steht also gerichtlichen Entscheidungen entgegen, die Bedeutung und Tragweite von Art. 14 Abs. 1 Satz 1 GG für das Besitzrecht verkennen. ... Soweit ... die Belange des Vermieters darauf zu prüfen sind, ob sie einen ernsthaften, vernünftigen und nachvollziehbaren Erlangungswunsch ergeben, kann der Mieter beanspruchen, daß" geprüft wird, ob des Vermieters „Selbstnutzungswunsch ernsthaft verfolgt wird ..., ob der geltend gemachte Wohnbedarf weit überhöht ist, ob er zwar vorhanden ist, jedoch die Möglichkeit in Betracht kommt, ihn ohne Inanspruchnahme der gekündigten Wohnung zu befriedigen" (**BVerfG** aaO. S. 379). Das **Bundesverfassungsgericht** hat in der Bewertung des **LG Essen,** welches im vorliegenden Fall erkannt hatte, daß die Kündigung zulässig sei, weil der geltend gemachte Eigenbedarf vernünftig und nachvollziehbar sei, keinen Verstoß gegen die verfassungsrechtliche Position des Mieters gesehen.

Fall 7 (S. 48):

Es handelt sich um einen Verbraucherkredit, für welchen die Regelungen des VerbrKrG gelten, insbesondere §§ 11ff VerbrKrG.

Fall 8 (S. 61):

Der Versicherer braucht nicht zu leisten, wenn der Versicherungsnehmer den Verlust des Reisegepäcks grob fahrlässig herbeigeführt hat.

Fall 9 (S. 67):

Wie auf S. 68 aufgeführt, hat der Reiseveranstalter Schadensersatz aus §§ 823ff BGB zu leisten: Der **BGH** (**BGHZ** 103, 298) hat für Recht erkannt, daß der Reiseveranstalter dem klagenden Reisenden nicht nur aus Vertrag haftet und nach § 278 BGB das Verschulden des Hoteliers als seines Erfüllungsgehilfen, der die Überprüfung des Balkongitters schuldhaft unterlassen hatte, was zu den Gesundheitsschäden führte, zu vertreten hat, sondern auch nach § 823 BGB Schadensersatz wegen Verletzung der Verkehrssicherungspflicht zu leisten hat.

Zwar trifft die Verkehrssicherungspflicht in erster Linie den Betreiber des Vertragshotels der Beklagten auf Gran Canaria, und für dessen unerlaubte Handlung gegenüber dem Kläger haftet die Beklagte deliktsrechtlich nicht. Dies schließt jedoch ihre gesamtschuldnerische Haftung für eigenes Verschulden nicht aus. Den Reiseveranstalter trifft eine Verkehrssicherungspflicht bei Vorbereitung und Durchführung der von ihm veranstalteten Reisen, die sich nicht nur auf Auswahl und Kontrolle des eigenen Personals und eigener Transportmittel, sondern auch auf Auswahl und Kontrolle der Leistungsträger, so der Vertragshotels, erstreckt (**BGHZ** 103, 104). Der Reiseveranstalter muß Überwachungen zum Gesundheitsschutz der Reisenden gegen Unfälle in den Vertragshotels nicht nur bei besonderer Veranlassung vornehmen. (**BGHZ** 103, 105).

Fall 10 (S. 70):

Die Kunststoffverpackung des Lebensmittels ist ein Bedarfsgegenstand gemäß § 5 I Nr. 1 LMBG und § 2 Nr. 3 der Bedarfsgegenständeverordnung. Im vorliegenden Falle könnte gegen Verbote nach §§ 5ff der Bedarfsgegenständeverordnung verstoßen worden sein. Der Verbraucher könnte das örtlich zuständige Chemische und Lebensmittel-Untersuchungsamt informieren. Dieses wird mit Hilfe der Ordnungsbehörde der Sache nachgehen und gegebenenfalls das nicht verkehrsfähige Produkt aus dem Verkehr ziehen. Der Verbraucher könnte auch, gestützt auf seine Gewährleistungsansprüche aus §§ 459ff BGB, sich an den Verkäufer wenden. Dieser wird unter Umständen eine Klärung, ob Gesundheitsgefahren für den Verbraucher des Lebensmittels bestehen, veranlassen.

Fall 11 (S. 75):

Das Mittel könnte ein kosmetisches Mittel oder ein Arzneimittel sein. Da es zwar „zur Beeinflussung des Aussehens" bestimmt ist (§ 4 I LMBG), aber nicht „äußerlich am Menschen oder in seiner Mundhöhle" angewendet wird (§ 4 I LMBG), muß es ein Arzneimittel sein, welches „durch Anwendung am oder im menschlichen ... Körper ... die Beschaffenheit ... des Körpers ... zu beeinflussen" bestimmt ist (§ 2 I Nr. 5 AMG).

Das Inverkehrbringen des Mittels ist daher verboten (§ 5 AMG) und strafbar (§ 95 I Nr. 1 AMG)

Fall 12 (S. 82):

Die getrennte Ausweisung einer Buchungsgebühr neben den Endpreisen der angebotenen Reisen verstößt gegen § 1 I PAngV und ist damit ein wettbewerbswidriges Verhalten im Sinne des § 1 UWG (**OLG Frankfurt am Main** Gewerblicher Rechtsschutz und Urheberrecht 1988, 49).

Fall 13 (S. 86):

Wie auf S. 57f dargelegt, verstößt die genannte „Schufa-Klausel" gegen § 9 AGBG. Denn das Datenschutzrecht erfordert es, eine Abwägung der berechtigten Interessen der Beteiligten vorzunehmen, was bei einer pauschalen Einwilligung in die Weitergabe aller Kreditdaten an die Schufa nicht erfolgt (**BGH** NJW 1986, 47).

Fall 14 (S. 92):

Gegen den Mahnbescheid ist das Rechtsmittel des Widerspruchs gemäß § 694 ZPO gegeben; wenn der im Mahnbescheid geltend gemachte Anspruch nicht besteht, ist Erhebung des Widerspruchs zweckmäßig, es sei denn, es ist zu befürchten, als Antragsgegner bzw. als Beklagter im Streitverfahren in Beweisnot zu geraten.

Nach materiellem Recht handelt es sich bei dem Kreditvertrag um ein verbundenes Geschäft nach § 9 VerbrKrG. Nach § 9 Absatz 3 Satz 1 VerbrKrG kann der Verbraucher die Rückzahlung des Kredits verweigern, soweit Einwendungen aus dem verbundenen Kaufvertrag ihn gegenüber dem Verkäufer zur Verweigerung seiner Leistung berechtigen würden.

Fall 15 (S. 95):

Die Antwort auf die Frage, ob eine Verbraucherzentrale Rechtsberatung anbieten darf, gibt § 3 Nr. 8 des Rechtsberatungsgesetzes. Danach wird durch das RBerG „die außergerichtliche Besorgung von Rechtsangelegenheiten von Verbrauchern durch für ein Bundesland errichtete, mit öffentlichen Mitteln geförderte Verbraucherzenralen im Rahmen ihres Aufgabenbereiches" „nicht berührt", ist also zulässig, falls nicht andere Vorschriften ein Verbot enthalten. Derartige Verbotsvorschriften gibt es nicht.

Literaturverzeichnis

Baumbach, Adolf/Hefermehl, Wolfgang: Wettbewerbsrecht. 17. Aufl., München 1993

Bluth, Siegfried: Die Schnäppchen-Detektive kommen. In: gp-magazin Heft 10/1993, S. 21

Borchert, Günter: Haustürgeschäfte. In: Arbeitsgemeinschaft der Verbraucher/Deutscher Gewerkschaftsbund (Hg.): Handbuch des Verbraucherrechts. Loseblattsammlung, Neuwied, Stand 1990 a, Gruppe B 2

Borchert, Günter: Die ärztliche Schweigepflicht nach Inkrafttreten des Gesundheitsreformgesetzes. In: Arztrecht 1990 b, S. 171–180

Brednich, Rolf W.: Die Spinne in der Yucca-Palme: sagenhafte Geschichten von heute. München 1992

Brinkmann, Werner: Die Verbraucherorganisationen in der Bundesrepublik Deutschland und ihre Tätigkeit bei der überbetrieblichen technischen Normung. Köln u. a. 1976

Bülow, Peter: Die Abgrenzung von Lebensmitteln, Tabakerzeugnissen, kosmetischen Mitteln, bestimmten Bedarfsgegenständen, Futtermitteln und Arzneimitteln. In: ZLR 1988, 597–614

Bülow, Peter: Kennzeichnungsrecht und Produktwerbung für Lebens-, Genuß-, Arzneimittel und Kosmetika. Handbuch der Kennzeichnungsvorschriften für Lebensmittel, Wein und andere alkoholische Getränke, Tabak, Arzneimittel und Kosmetika. Band 2: Lebensmittel, Köln u. a. 1990

Bülow, Peter: Das neue Verbraucherkreditgesetz. In: NJW 1991, 129–134

Bülow, Peter: Zum internationalen Anwendungsbereich des deutschen Verbraucherkreditgesetzes. In: EuZW 1993, 435–437

Bultmann, Fritz: Allgemeine Geschäftsbedingungen. In: Arbeitsgemeinschaft der Verbraucher/Deutscher Gewerkschaftsbund (Hg.): Handbuch des Verbraucherrechts. Loseblattsammlung, Neuwied, Stand 1990, Gruppe E 1

Compensis, Ulrike/Reiserer, Kerstin: Partnerschaftsvermittlung und Verbraucherkreditgesetz 1991. In: BB 1991, S. 2457–2464

Deutsch, Erwin: Einheitliche Dienstleistungshaftung in Europa, In: ZRP 1990, 454–455

Deutsch, Erwin: Patientenschutz gegenüber Kunstfehlern. In: Verbraucherpolitische Hefte Nr. 13, 1991, S. 141–147

Doepner, Ulf: Heilmittelwerbegesetz. Kommentar. München 1980

Doepner, Ulf: Multi-Vitamin-Präparate – Möglichkeiten und Grenzen der Einordnung und Zulassung als Arzneimittel. In: Pharma Recht 1988, 187–190, 226–229, Pharma Recht 1989, 13–20, 44–50

Dörr, Erwin/Schmidt, Dietmar: Neues Bundesdatenschutzgesetz – Handkommentar und Arbeitshilfe für Wirtschaft und Verwaltung. Köln 1991

Eckert, Hans-Werner: Die Risikoverteilung im Pauschalreiserecht. Neuwied 1988

Farny, Dieter, u. a.: Handwörterbuch der Versicherung. Karlsruhe 1988

Foerste, Ulrich: Deliktische Haftung. In: *Westphalen* 1989, 2. Teil

Gamm, Otto-Friedrich Frhr. v.: Gesetz gegen den unlauteren Wettbewerb. 2. Aufl., Köln Berlin Bonn München 1981

Geiß, Karlmann: Arzthaftpflichtrecht. München 1989

Goll, Eberhard: Strafrechtliche Produktverantwortung. In: *Westphalen* 1989, 3. Teil

Hadding, Walther: Einführung und Überblick zum Verbraucherkreditgesetz. In: *Hopt* 1991, 5–10

Hart, Dieter, u. a.: Das Recht des Arzneimittelmarktes. Baden-Baden 1988

Hassemer, Winfried: Strafrechtliche Produkthaftung. In: Juristische Schulung 1991, 253–255

Heinrichs, Helmut: Kommentierung in *Palandt* 1993
von Hippel, Eike: Verbraucherschutz. 3. Aufl., Tübingen 1986
Hoechst, Peter: Die US-amerikanische Produzentenhaftung. Köln u. a. 1986
Hohgräwe, Uwe: Rechtliche Anforderungen an Gebrauchsinformationen im Lichte empirischer Untersuchungen. In: Pharma Recht 1987, 155–157
Hopt, Klaus J. (Hg.): Das neue Verbraucherkreditgesetz. Erste Erfahrungen und Probleme. Frankfurt am Main 1991
Horn, Norbert: Der vergleichende Warentest im Spiegel der Rechtsprechung. In: *Horn, Norbert/Piepenbrock, Hartwig:* Vergleichender Warentest – Testpraxis, Testwerbung, Rechtsprechung. Landsberg am Lech 1986, S. 67–90
Huth, Karl, u. a.: Ernährung, Diätetik und Lebensmittelrecht. Heidelberg: Wiesbaden. 2. Aufl. 1989
Jarass, Hans D.: Wirtschaftsverwaltungsrecht und Wirtschaftsverfassungsrecht, 2. Aufl., Frankfurt am Main 1984
Kleist, Holde, u. a.: Kommentar zu den Bestimmungen des Gesetzes über die Werbung auf dem Gebiete des Heilwesens. Frankfurt am Main 1986
Köhler, Wolfgang: Handbuch der Wohnraummiete, 3. Aufl., München 1988
Kraus, Heinz: Versicherungsaufsichtsrecht. Eine Studie zum deutschen und zum österreichischen Recht. Wien/New York 1971.
Müller, Helmut: Versicherungsaufsicht, Erlaubnis zum Geschäftsbetrieb. In: *Farny* 1988, S. 971–978
o. V.: Weniger Information im Schlußverkauf – Fragwürdiges Preisgegenüberstellungsverbot. In: VpK Nr. 30 vom 30. 7. 1987, S. 2–3
o. V.: UWG-Novelle. *AgV* läßt Markt beobachten. In: *AgV* Interner Informationsdienst 2/88, S. 7–10
o. V.: Scannerkassen-Systeme wenig zuverlässig. Untersuchung bestätigt Mängel in Preisauszeichnung und Rechnungsstellung. In: VpK, 17. 10. 1989, S. 1–3
o. V.: Verordnung über die Mindestgröße von Äpfeln. In: EuZW 1990, 204
o. V.: Mehr Beschwerden der Versicherten. *Aufsichtsamt* registriert starken Eingang aus Ostdeutschland. In: Süddeutsche Zeitung, 6. 2. 1992 a, S. 26
o. V.: Richtlinienvorschlag über vergleichbare Werbung. In: EuZW 1992 b, 167–168
o. V.: Nach wie vor viel Schluderei – AgV untersuchte Preisauszeichnung in Schaufenstern. In: VpK Nr. 19 vom 12. 5. 1992 c, S. 1–3
o. V.: Reisepleiten – Musterprozeß gegen die Bundesrepublik. In: test 1993 a, 1060
o. V.: Preisauszeichnung – Gericht verwirft deutsche Vorschrift. In: test 1993 b, 1068
o. V.: Langjährige Versicherungsverträge problematisch – Grundsatzurteil des *Bundesgerichtshofs* erhofft. In: VpK Nr. 31 vom 3. August 1993 c, S. 3–5
o. V.: Bei Fertigpackungen oft Ärger mit der Füllung – Zu wenig Kontrollen begünstigen Schlampereien. In: VpK Nr. 37 vom 14. September 1993 d, S. 2–4
Palandt, Otto: Bürgerliches Gesetzbuch. 52. Aufl., München 1993
Prölss, Erich R., u. a.: Versicherungsvertragsgesetz: Kommentar. 24. Aufl., München 1988
Putzo, Thomas: Kommentierung in *Palandt* 1993
Rebmann, Kurt/Säcker, Franz-Jürgen (Hg.): Münchener Kommentar zum BGB. München 1984 ff
Reich, Norbert, u. a.: Verbraucher und Recht. Überholte Konzeptionen, Lücken und Mängel in wichtigen Verbrauchergesetzen und die Praxis der Rechtsprechung. Aus der Reihe: Kommission für wirtschaftlichen Wandel – 120. Göttingen 1976
Sandkühler, Gerd: Konsumentenkredite in der gerichtlichen Praxis. In: Juristische Arbeitsblätter 1988, 1–8
Schmidt, Reimer/Frey, Peter: Versicherungsaufsichtsgesetz. Bundesaufsichtsgesetze, Kartellrecht der Versicherungswirtschaft (§ 102 GWB) und andere Nebengesetze. 10. Aufl., München 1989
Schmidt-Salzer, Joachim: Entscheidungssammlung Produkthaftung. Mit einer Einführung und Urteilsanmerkungen. Bd. 1, 2. Aufl., München 1981
Schönle, Herbert: Bank- und Börsenrecht, München 1971

Schwerdtner, Peter: Kommentierung in *Staudinger* 1991

Seibert, Ulrich: Der Anwendungsbereich des Verbraucherkreditgesetzes, insbesondere im Hinblick auf die Entstehungsgeschichte des Gesetzes. In: Hopt 1991, S. 11–27

Soergel, Carl: Kommentierung in *Rebmann/Säcker* Band 3, 1. Halbband, München 1988

von Staudinger, Julius: Kommentar zum Bürgerlichen Gesetzbuch. 12. Aufl., Berlin 1991

Stillner, Walter: Probleme der Produktwarnung im Lebensmittelrecht. In: NJW 1991, 1340–1341

Strecker, Arthur: Erläuterungen zum Gesetz über das Meß- und Eichwesen (Eichgesetz) in der Fassung vom 22. Februar 1985. In: Das deutsche Bundesrecht, Mai 1985, III B 2, S. 21–42

Strunz, Heinrich: Heilmittelwerbegesetz, Wettbewerbsrecht und Verbraucherschutz. München 1987

Thomas, Heinz: Kommentierung in *Palandt* 1993

Tonner, Klaus: Der Reisevertrag. Kommentar zu §§ 651 a–k BGB. 2. Aufl., Neuwied/Darmstadt 1986

Tonner, Klaus: Die EG-Richtlinie über Pauschalreisen. In: EuZW 1990, S. 409–413

Vortmann, Jürgen: Verbraucherkreditgesetz. Kommentar. Stuttgart Berlin Köln 1991

Werber, Manfred/Winter, Gerrit: Grundzüge des Versicherungsvertragsrechts. Heidelberg 1986

Westphal, Eckhard: Arzneimittelmarkt und Verbraucherinteresse. Köln 1982

Westphalen, Friedrich Graf von (Hg.): Produkthaftungshandbuch. Bd. 1: Vertragliche und deliktische Haftung, Strafrecht und Produkt-Haftpflichtversicherung. München 1989.
Bd. 2: Das deutsche Produkthaftungsgesetz, Internationales Privat- und Prozeßrecht, Länderberichte zum Produkthaftungsrecht. München 1991

Zipfel, Walter: (Hg.): Lebensmittelrecht. Kommentar der gesamten lebensmittel- und weinrechtlichen Vorschriften sowie des Arzneimittelrechts. München. Loseblattsammlung Stand 1993

Register

Creifelds
Rechtswörterbuch

Begründet von Dr. Carl Creifelds †, Senatsrat, München. Herausgegeben von Prof. Dr. h.c. Hans Kauffmann, Ministerialdirigent und Leiter des Bayerischen Landesjustizprüfungsamtes a.D., München. Bearbeiter: Dr. Dieter Guntz, Vors. Richter am OLG München, Paul Henssler, Steuerberater, Leiter der Akademie für Wirtschaftsberatung, Bad Herrenalb, Prof. Dr. h.c. Hans Kauffmann, Ministerialdirigent und Leiter des Bayer. Landesjustizprüfungsamtes a.D., München, Prof. Friedrich Quack, Richter am BGH Karlsruhe, Prof. Dr. Jochem Schmitt, Walter Weidenkaff, Ministerialrat, München

12., neubearbeitete Auflage. 1994
XV, 1491 Seiten. In Leinen DM 78,–
ISBN 3-406-38190-1

Das Creifelds'sche Rechtswörterbuch erläutert knapp und präzise in lexikalischer Form rund **10.000 Rechtsbegriffe** aus allen Gebieten. Es ermöglicht damit Juristen wie Laien eine rasche Orientierung bei der Klärung täglicher Rechtsfragen.

Fundstellenhinweise auf Rechtsprechung und Spezialliteratur helfen zusätzlichen Informationen nachzugehen. Die Behandlung der rechtlichen Zusammenhänge wird ergänzt durch wichtige Begriffe aus den Grenzgebieten von **Recht, Wirtschaft und Politik,** deren Rechtsgrundlagen dargestellt werden.

Der Anhang enthält **nützliche Übersichten,** z.B. über den Weg der Gesetzgebung, das Gerichtswesen, Rechtsmittelzüge, die gesetzliche Erbfolge, die Sozialversicherung und die Rentenversicherung.

Verlag C.H.Beck · 80791 München